신분 제도, 조선을 떠받치다

푸른숲 역사 퀘스트

신분 제도
조선을 떠받치다

이광희·손주현 지음 | 박정제 그림

푸른숲주니어

오백 년 조선을 굴려 온 사람은 누구일까?

여러분, 안녕? 만나서 반가워. 나는 너희들의 역사 궁금증을 명쾌하게 풀어 주는 '반짝반짝 역사 연구소' 명쾌한 박사야.

요즘 너희들이 보낸 메일을 읽는 맛이 제법 쏠쏠해. 궁금했던 역사를 알려 줘서 고맙다는 감사 인사에서 호모 사피엔스는 어떻게 인류의 조상이 되었느냐는 수준 높은 질문까지, 아주 다양한 내용의 메일이 오거든. 그런데 조선 시대 '과거 제도'에 대해 알고 나서부터 공부 좀 덜 하고서 입신양명할 수 있는 방법은 없는지 묻는 친구들이 꽤 있더라고. 이걸 좋아해야 할지 말아야 할지…….

또, 나와 알파봇의 관계를 궁금해하는 친구들이 많던데? 나를 인공지능 로봇을 만드는 공학자로 착각하기도 하고, 심지어 나보고 알파봇의 조수냐고 묻는 메일까지 있더라고.

나, 원, 참! 이 기회에 확실히 이야기하는데, 내가 역사 연구소를 이끄는 책임자고 알파봇은 나를 도와주는 조수야. 알파봇은 내가 자료 찾아 달라고 하면 조사해 주고, 조선 시대로 현장 취재 다녀오라고 하면 뛰어갔다 오는 연구실 조교라고나 할까. 뭐, 내가 귀찮아하는 일도 종종 시키니까 똑똑한 머슴이자 몸종이라고도 할 수 있지.

그래서 난 알파봇이 얼마나 고마운지 몰라. 알파봇이 없었으면 밤새 자료를 찾아 분석하느라 고생했을 텐데, 이렇게 알파봇 덕분에 해설에만 집중할 수 있으니까 말이야.

자, 그러면 오늘은 어떤 메일이 와 있는지 확인해 볼까?

☆ 제목 : 조선 시대엔 누가 가장 중요한 역할을 했나요?

▲ 보낸사람 : 마당쇠

받는사람 : 멍 박사님

안녕하세요, 멍 박사님. (이젠 너도나도 멍 박사군.)

저는 사대부 중학교에 다니는 마당쇠라고 하는데요. (요즘 애들 이름이 죄다 왜 이래?)

며칠 전 사회 시간에 선생님께서 이런 질문을 하셨어요.

"자신의 조상이 노비인 사람 손들어 보세요."

선생님 말씀을 듣고 우리는 모두 깔깔 웃었어요. 그렇잖아요, 조선에 대해서 아무것도 모르는 친구도 '양반'이 높은 신분이고, '노비'는 그 앞에서 굽신대는 사람이라는 건 다 아는데요. 누가 자기 조상이 노비라고 손을 번쩍 들겠어요? 그런데 선생님이 이러시는 거예요.

"조선 시대 노비는 인구의 삼분의 일, 많을 땐 절반이 넘을 때도 있었어요. 그러니 단순히 계산하면, 우리나라 사람의 삼분의 일은 확률적으로 노비의 후손이라고 할 수 있죠. 나라의 큰일을 도맡았던 양반이나 경제를 담당했던 상민 못지않게 노비도 조선 시대 사회 구석구석에서 아주 중요한 역할을 했답니다. 그러니 조상이 노비라고 부끄러워할 필요는 전혀 없어요." (훌륭한 선생님이시군.)

선생님 말씀을 듣고 나자 갑자기 혼란스러워졌어요.

'노비가 그렇게 많았다고? 게다가 무슨 중요한 역할을 했다는 거지?'

너무 궁금해서 인터넷을 뒤져 봤지만 명쾌한 답을 찾을 수가 없더라고요.

그래서 말인데요. 대체 조선 시대에 어떤 신분이 있었는지, 그리고 그중에서 누가 제일 중요한 역할을 했는지 제대로 알려 주세요.

쇤네는 박사님만 믿겠습니다요! ㅎㅎㅎ (하이고, 요 아부쟁이.)

조선 시대 인구의 절반이 노비였다고?

　이번 질문은 상당히 수준이 높아서 선뜻 답하기가 곤란한걸. 질문의 핵심이 조선 시대 '신분 제도'에 대해 설명해 달라는 건데……. 그건 그렇다 쳐도 누가 제일 중요한 역할을 했는지는 정확하게 점수를 매길 수 있는 문제도 아니고. 그것참, 대략 난감이로군.

　이럴 땐 나의 충실한 조수 알파봇에게 도움을 청하는 게 상책이지. 알파봇!

뭐? 아, 난 또 뭐라고. 내가 널 종이라고 부른 건 일종의 비유야. 나를 충실히 도와주는 고마운 존재라는 뜻이라고.

 그런 비유는 사양할게요. 기분 상한다고요! 저는 종이 아니라, 박사님의 엄연한 동료잖아요.

알았다, 알았어. 내가 잘못했어. 어서 기분 풀고 마당쇠 메일에 어떻게 답을 하면 좋을지 기승전결 구조로 의견 한번 내 봐.

 ……

너, 정말 이럴 거야?

 먼저 조선 시대에 어떤 사람들이 살았는지부터 살펴봐야겠죠.

오, 오! 그다음엔?

 신분에 따라 구체적으로 어떤 일을 했는지, 사는 모습이 서로 어떻게 달랐는지, 그리고 조선 사회에 어떻게 기여했는지 차례로 설명하면 답이 나올 거 같은데요?

역시, 알파봇! 넌 나의 무지무지 충실한 종…… .

종? 종, 뭐요?

종, 종말 처리장이야!

뜬금없이 그게 무슨 소리예요? 종말 처리장이라뇨?

어려운 문제를 마지막 단계에서 깔끔하게 처리해 주는 해결사 역할을 한다는 뜻이지. 하하하! 오늘 많이 힘들었지? 휴게실에 가서 바둑이나 한 판 두고 쉬어. 도움이 필요하면 부를게.

하이고, 땀난다. 질문이 뭐였더라? 양반과 상민, 노비 등 조선 시대에 살던 사람들 중에서 누가 더 중요한 역할을 했냐는 거였지? 그렇다면 지금부터 알파봇의 조언대로 조선 시대에는 어떤 사람들이 살았는지, 어떤 식으로 신분이 정해졌는지, 각자 맡은 역할이 어떻게 달랐는지 두루 살펴봐야겠어.

그 전에 먼저 각 신분을 대표하는 사람들의 자기소개를 랩 버전으로 들어 보자고. 원 투, 원 투 쓰리 포!

양반, 상민, 노비가 뭐야?

조선의 금수저, 양반

내 이름은 양반, 조선의 금수저

문반 무반, 합쳐서 양반

양반의 꿈은 입신양명

진사 생원은 기본

장원 급제는 옵션

우리는 조선의 브레인

나라를 이끄는 주인공

세금도 안 내, 군대도 안 가

우린 백성 위에 있으니까

우리에게 조선은……,

파라다이스, 예!

#신분제 짱 #북촌 출신 환영 #성균관 OO기 동문 모여라

조선의 철수저, 상민

내 이름은 상민, 조선의 철수저

양반과 천민, 그 사이 상민

나라 경제의 주인공

그중에서 농민이 최고

농민은 천하지대본

나라님이 주목해, 머릿수가 짱이야

우리는 조선의 뿌리

유교는 우릴 하늘이라 부르네

우리에게 조선은……,

리얼한 현실, 후유!

#세금 절약 비법 공개 #OO 두레 대청소 #모내기 강사 모집

조선의 흙수저, 노비

내 이름은 노비, 조선의 흙수저

남자 종 여자 종, 합쳐서 노비

양반집에 사노비

관청에는 공노비

죄를 지어 노비, 빚 못 갚아 노비

자식도 노비, 대를 이어 노비

우리는 양반의 손발

세금도 안 내, 군대도 안 가

우린 사람이 아니니까

우리에게 조선은……,

한마디로 지옥, 우!

#OO 대감 언제 죽나 #한 끼 더 줍쇼 #추노 반대 시위 무산

문반과 무반을 아우르는 말, 양반

흠, 마치 랩 경연 대회라도 벌어진 것 같군. 그럼 어려운 단어들은 잠깐 치워 두고, 조선의 지배층이었던 양반, 머릿수로 대다수를 차지했던 상민, 최하위 계층이었던 노비가 어떤 사람들인지 알아볼까?

먼저 양반! 양반은 '문반'과 '무반'을 합쳐서 부르는 말이야. 자꾸 문반이 어쩌고 무반이 저쩌고 하는데, 그게 대체 뭐냐고? 조선 시대에서 조금만—은 아니고 거의 사백 년을—거슬러 올라가 보자고.

고려가 건국된 지 얼마 지나지 않은 시절, 고려의 네 번째 왕 광종이 처음으로 과거 제도를 도입했어. 과거 제도란, 과거 시험을 치러 관리를 뽑는 선발 제도를 말해. 이때 과거 시험에 급제해서 관료가 된 사람들을 '문반'이라고 불렀지. 그럼 '무반'은 뭘까? 무반은 말 그대로 뛰어난 무예를 통해 장수가 된 사람들을 부르는 말이었어. 이 두 계층을 합해서 부르는 호칭이 '양반'이었던 거야.

그런데 조선 시대로 넘어오면서 양반은 문반과 무반의 자리에 오른 관리들뿐 아니라, 그들의 가문 전체를 포함한 신분층을 가리키는 말로 사용되기 시작했어.

사실 조선 시대에 이런 특권층을 가리키는 말이 양반만 있었던 건 아니야. 양반은 종종 '사대부'라고 불리기도 했지. 사대부는 선비를 뜻하는 '사(士)'와 관리들의 무리인 관료를 가리키는 '대부(大夫)'가 합쳐진 말이야. 한자가 나오니까 머리 아프다고? 그럼 간단히 요약해 볼까? 양반이란 학식이나 무예를 갖추고 조정에서 일하는 관리들과 그 가족을 아우르는 말이라고 해 두자.

이렇게 과거에 급제해 관료가 된 양반들은 조선의 정치와 경제, 외교, 국방 등 각 분야의 정책을 만드는 머리 역할을 했어. 그 대가로 봉급인 녹봉을 받고, 넓은 토지와 많은 노비를 소유하고, 군대도 안 가고, 세금도 면제받고, 떵떵거리며 살았지.

또 양반은 원칙적으로 관직에 한 번 오르고 난 후로 본인, 아들, 손자, 증손자 안에 다시 관직에 오르지 못하면 그 지위를 잃게 돼. 하지만 점차 한 번 얻은 양반 지위는 자손 대대로 세습되었지.

그래도 다들 가문의 명예를 지키기 위해 죽기 살기로 과거 시험에 매달리곤 했어. 어릴 때부터 조기 교육을 받은 건 물론이고, 과거 시험을 볼 때 부정 행위를 하는 선비들도 많았지. 자신들이 누리던 특권을 더 많이, 더 오래 누리기 위해 무진장 애를 쓴 셈이야. 목숨을 걸고 급제를 하려는 데에는 그만한 이유가 있었지.

노비, 전쟁 포로 혹은 범죄자

양반들이 부와 권력을 누리며 그들만의 체면을 유지하기 위해서는 누군가의 전폭적인 희생이 필요했어. 임금과 함께 나랏일을 논의하다 집에 돌아와서 밭 갈고, 장 보고, 애 어르고, 청소하는 걸 점잖지 못하게 여겼다고나 할까?

양반들의 일상생활에 필요한 일을 대신 담당해 준 사람들이 바로 노비야. 노비는 남자 종인 '노'와 여자 종인 '비'를 합쳐 부르는 말인데, 조선 시대 내내 양반의 손발 구실을 했지.

우리 역사에 노비가 있었다는 최초의 기록은 약 이천 년 전에 쓰여진 중국 역사책 《한서》에 등장해. 거기에 고조선의 '팔조금법'이 소개되어 있지. 그중 하나를 볼까?

남의 물건을 훔친 자는 노비로 삼는다.

이 기록으로 미루어 볼 때, 우리 역사에서 노비는 적어도 고조선 때부터 존재했다는 사실을 알 수 있어. 한 가지 더! 팔조금법으로 알 수 있듯이, 옛날에는 죄를 지은 범죄자를 노비로 삼았다는 거야. 뿐만 아니라 전쟁에서 포로로 잡혀 온 사람들도 노비로 부렸지.

이렇게 긴 역사(?)를 자랑하는 노비 신분은 조선 시대까지, 부모에게서 자식으로 계속 이어지게 돼. 그래서 태어날 때부터 노비인 모태 노비가 많아졌지. 빚을 갚지 못하거나 먹고살기 힘들어서 스스로 노비가 되는 사람도 있었다니, 노비의 수가 꾸준히 늘어날 수밖에.

양반의 손발, '열일'하는 노비

노비라고 다 같은 노비로 생각하면 곤란해. 노비는 양반인 주인에게 고용된 사노비와 관청에 소속된 공노비로 나눌 수 있어. 사노비와 공노비는 하는 일도, 받는 대우도 사뭇 달랐지. 물론 일하기 힘든 건 매한가지였지만.

사노비와 공노비는 어디에서 일하느냐에 따라 다시 구분하기도 해. 사노비 중에서도 주인과 같이 살며 일을 하는 노비가 있는 반면, 주인과 떨어져 사는 대신 물건을 바치는 노비가 있었거든. 공노비도 마찬가지야. 매일매일 관청에 출근해서 몸으로 때우는 노비와, 나라

에서 할당한 물건을 만들어 바치기만 하면 되는 노비가 있었지.

조선 시대를 통틀어, 주인집과 관청에서 '열일'하는 사노비와 공노비는 전체 인구의 대략 삼분의 일가량을 차지하고 있었어. 그 수가 많을 때는 조선 인구의 절반인 적도 있었다나? 몸으로 일하는 걸 천박하게 여겨 손가락 하나 까딱하지 않으려 했던 양반들은 노비가 없으면 단 하루도 제대로 살기 힘들었을 거야.

반면에 평생 동안 자유를 빼앗긴 채 사람답지 못한 대접을 받으며 양반의 손발 노릇을 해야 했던 노비들의 삶은 그야말로 암울했지. 자신들은 물론, 아무것도 모르고 태어날 자식들마저 노비가 될 운명이라니! 그래서 그들의 꿈은 딱 하나, 노비의 신분에서 벗어나는 거였어. 하지만 그게 그리 쉬운 일이 아니었다는 게 문제지.

양반과 노비 사이, 넌 누구냐?

자, 여기서 궁금한 점! 그럼 조선 시대엔 양반과 노비밖에 없었을까? 물론 아니지. 온몸에 땀을 흘려 가며 농사를 짓고, 동네마다 돌아다니며 물건을 팔고, 이것저것 나라에서 정한 물건을 만들고⋯⋯. 우리가 사극 드라마에서 흔히 보는 길을 지나다니는 엑스트라들, 그러니까 '상민'이 있었어.

여기서 '상'은 장사할 때 상(商)이 아니라, 보통이라고 할 때 쓰는 상(常)이야. 그러니까 양반도 노비도 아닌 '보통 사람'이란 뜻이지. 머릿수로만 따지면 상민이 가장 많았어. 그러니 당연히 중요한 존재일 수밖에! 나라를 '지키고', 이리저리 '굴리고', 이것저것 '바꾸기'를 했거든.

어떻게 지키고, 굴리고, 바꾸었냐고? 일단 상민들은 군대를 가야 했어. 그때도 지금처럼 이 년 동안 복무했냐고? 그러면 얼마나 좋아. 하지만 자그마치 수십 년이 넘어. 16세에 시작해 60세가 되야 끝났으니까. 정해진 순번에 따라 훈련을 받아 두었다가, 전쟁이 벌어지면 전투에 나서야 하는 거야. 한마디로 나라를 '지키는' 주역인 셈이지.

상민들은 또 세금을 내야 했어. 농사를 지으면 수확량에 따라 정해진 양을 나라에 바치고, 마을 특산물도 할당량만큼 채우고……. 그 세금으로 길을 닦고, 성을 세우고, 관리들 봉급 주고, 군대를 운영했어. 말하자면 상민들의 세금으로 나라를 '굴렸다'고나 할까?

음, 마지막으로 바꾸기. 나랏일이 잘못되어서 도저히 참기 힘들 땐 민란이 일어났어. 이때 대부분의 주역은 상민이었지. 생각해 봐. 군대도 가야 해, 세금도 내야 해, 근데 살기는 힘들어……. 그러니 어쩌겠어? 좋은 쪽이든 나쁜 쪽이든, 상민이 들고일어나서 제도나 법이 바뀐 적이 실제로 여러 번 있었지.

과거 시험, 상민에겐 그림의 떡

양반과 상민, 노비의 신분이 딱딱 정해져 있다고는 하지만 신분을 바꾸는 게 영 불가능하지는 않았어. 법적으로 양인(양반과 상민을 합쳐서 부르는 말)은 모두 과거 시험을 볼 자격이 있었기 때문이야. 능력이 뛰어나기만 하다면 상민도 관리가 될 수 있다는 뜻이지.

조선 초기만 해도 신분을 양인과 천민, 딱 둘로만 나누었어. 양반이란 그저 과거 시험에 합격한 양인을 부르는 호칭이었을 뿐, 신분을 일컫는 말이 아니었거든. 그런데 조선 후기로 가면서 양반 출신이 계속해서 과거에 급제해 자자손손 관직에 오르다 보니, 양반이라는 말이 아예 신분으로 굳어지게 된 거야.

반대로 상민이 노비가 되는 경우도 있었어. 비록 신분이 양인이라 해도, 집안이 망하거나 가장이 병들거나 하면 먹고살기가 힘들어질 수밖에 없잖아. 그러면 가족을 노비로 팔거나 자기 스스로 노비가 되

여기서 잠깐!

어이쿠, 민란이 일어났다!

민란이란 백성들이 머리에 띠를 두르고 일어나 고을을 다스리는 수령이나 마을의 대지주에게 맞서는 걸 말한다. 주로 탐관오리가 가혹한 세금을 거두어들이거나, 부정부패를 일삼을 때 발생한다. 그렇다고 막무가내로 관청으로 쳐들어가는 건 아니다. 먼저 요구 사항을 조목조목 알리는데, 그것이 아무 소용 없을 때 무력을 행사하는 식이다. 고을의 명망 있는 선비를 앞세우거나 몰락한 양반이 나서서 농민군을 조직하기도 한다.

대표적인 민란으로 '홍경래의 난'을 꼽는다. 1811년, 몰락 양반인 홍경래는 한두 집안이 권력을 잡고 나라를 휘두르던 당시의 세도 정치를 비판하며 평안도 지방에서 봉기를 일으킨다. 농민과 상인, 광산에서 일하는 일꾼들이 대거 참여하여 세를 불렸지만, 5개월 만에 관군에게 모조리 진압되고 만다. 이외에도 1862년에 경상도 지방에서 일어난 '임술 민란'을 꼽을 수 있는데, 조선 시대 민란은 주로 나라가 어지러워진 후기에서 말기 사이에 집중되어 있다.

는 거야. 한마디로 양인이 노비가 되는 셈이지. 상민 입장에서는 양반이 될 수 있다는 희망을 품기도 했지만, 까딱하다간 노비 신세가 될수도 있으니까 이래저래 조심을 해야 했어.

양반이 되려면 그 빡빡한 경쟁률을 뚫고 과거 시험에 급제해야 하는 데 반해, 노비가 되는 데는 시험 따위가 필요 없으니까⋯⋯. 흠, 상민이 양반이 되는 경우가 많은지 노비가 되는 경우가 많은지는 안 봐도 뻔하지.

때마다 세금을 내고 군역을 담당해야 하지만, 상민들이 절대로 노비가 되지 않으려고 한 이유는 단 하나야. 바로 자유! 상민은 놀고 싶으면 놀고, 일하고 싶으면 일할 자유가 있었거든. 또 마음에 드는 짝과 혼인을 하고 아이를 낳는 건 물론, 살 곳을 정하고 직업을 바꾸는 등 자기 삶에 대한 결정권을 갖고 있었지.

노비와 비교했을 때, 가장 큰 차이점이라고나 할까?

느긋하고 꼼꼼하게, 양반의 일상

'금수저를 물고 태어났다.'라는 말 들어 봤지? 최근 들어 부잣집에서 태어난 사람을 가리키는 말로 자주 쓰곤 하지. 그런데 실은 우리나라 속담이 아니라, '은수저를 물고 태어났다.'는 서양 속담에서 비롯된 말이야. 둘 다 의미는 비슷해. 서양에서도 부족할 게 없는 귀족 집안에서 태어났다는 뜻으로 사용하거든.

그렇다면 조선 시대를 대표하는 금수저는 누구였을까? 그래, 정답! 바로 양반집 자식이야. 그것도 재산이 아주 많은 세도가에서 태어난 자식이라면? 그야말로 휘황찬란한 금수저라고 할 수 있겠지.

이참에 금수저 양반의 생활 가운데서 하루를 똑 떼어서 슬쩍 들여

다볼까? 알파봇에게 조선 시대로 좀 다녀오라고 해야겠는걸.

"알파봇, 조선 시대에 좀 다녀올래?"

"조선 시대엔 왜요?"

"네가 그랬잖아. 신분에 따라 어떤 역할을 했는지 알려면 그들의 삶을 들여다봐야 한다고. 멍 선비 기억나지? 내 18대 조상 어르신 말이야. 네가 멍 선비의 종으로 변장해서 그분의 일거수일투족을 밀착 취재해 보는 거야. 어때, 괜찮지?"

"아니, 아까부터 정말……. 저, 종 아니라니깐요!"

"어휴, 또 그런다. 누가 너보고 진짜 종이래? 잠입 취재 몰라? 남들은 아프리카 밀림에 가서 몇 년 동안 침팬지인 척도 한다던데. 그래야 특종을 건지는 거라고!"

"밀, 밀림요? 아……, 차라리 종이 낫겠네요."

"그래그래. 아, 참! 멍 선비님 만나거든 '알겠습니다요', '그랬습죠', 하고 노비 말투로 말하는 거 잊지 말고. 자, 얼른 출동!"

"네, 알겠습니다요. 아, 뭐야! 벌써 노비 말투가 튀어나오네."

샛별 보고 일어나 책을 읽노라

"밖에 봇돌이 있느냐?"

주인 나리가 저를 부르는 소리예요. 음, 멍 선비요. 멍 선비는 새벽에 눈을 뜨면 저부터 찾아요. 등불을 켜는 건 물론이고, 세숫물 대령

하고, 신발 신겨 드리고, 관청에 출근하는 것까지, 저 없으면 아무것도 못하는 분이걸랑요.

"뭘 그리 구시렁대는 게냐? 어서 등불이나 들이지 않고."

"예이~, 등불 대령합니다요."

아, 멍 선비가 누군지 소개를 안 했군요. 과거 시험에 여덟 번 도전한 끝에, 무려 장원 급제로 벼슬살이를 시작한 분이에요. 지금은 나라의 제사와 외교, 과거 시험을 담당하는 예조에 소속되어 있는데, 품계는 정5품 예조 정랑이랍니다.

정5품이면 엄청 높은 거 아니냐고요? 가장 말단인 종9품에서 정승인 정1품까지 오르려면 평균 40년이 걸린다고 해요. 멍 선비는 이제 절반 정도 온 셈이지요. 그래도 장원 급제한 덕에 임금님이 어여삐 여겨서 승진이 빠른 편이에요. 평생토록 정승은커녕 정3품 이상인 당상관에도 오르지 못하는 양반들이 대부분이니까요.

멍 선비는 아침에 일어나면 책부터 읽어요. 그러다 아침을 먹고 출근하지요. 여름철엔 일곱 시 전에, 겨울철엔 아홉 시 전에 해당 관청으로 출근해야 하거든요. 그럼 출근길을 한번 따라가 볼까요?

예조 정랑 멍 선비의 관청 업무

대문 밖에는 관청에서 보낸 공노비가 말과 함께 기다리고 있어요. 양반들은 출근할 때 말이나 가마를 타는데, 멍 선비는 예조에서 보낸 말을 타고 출근해요. 관청 소유의 출퇴근용 자가용을 집 앞으로 보내 주는 셈이지요.

드디어 광화문 앞 육조 거리에 있는 예조에 도착했어요. 잠시 후, 예조의 책임자인 판서 영감이 회의를 진행하네요.

"명나라에서 온 사신을 어떻게 대접해야 잘 대접했다고 소문이 쫙 퍼질지 의견을 말해 보시오."

"제가 듣기론, 이번에 온 명나라 사신이 시 짓기를 밥 먹는 것보다 더 좋아한다고 합니다. 시를 짓고 글을 쓰는 데는 조선의 으뜸이라 할 수 있는 허균을 접빈사로 발탁해 사신을 맞이하도록 하시지요."

예조의 실무를 맡은 멍 선비의 명 대답이에요. 허균이 누구냐고요? 우리나라 사람이라면 모두 아는 조선 시대 한글 소설인《홍길동전》을 쓴 사람이잖아요. 책 읽기를 워낙 좋아해서 독서광인 데다 시를 잘 지어서 조선 팔도에 천재라고 소문이 자자하다지요. 아마 명나라 사신이 허균과 시로 대화를 나누다 보면, 글솜씨에 감탄한 나머지 외교 문제가 술술 풀리지 않을까요?

멍 선비의 오전 업무는 그렇게 끝이 났어요. 오후에는 이번 달에 있을 과거 시험 준비가 잘되어 가는지 꼼꼼하게 점검을 했답니다. 여름철에는 원래 퇴근 시간이 저녁 일곱 시경인데, 오늘은 집에 중요한 일이 있어서 일찍 퇴근하기로 했어요.

쌀독이 비어도 손님은 접대해야

멍 선비가 여름휴가라도 떠나는 거냐고요? 아니에요, 절대 아니랍니다. 관청에서 일찍 퇴근할 정도로 중요한 일은 바로 '봉제사'와 '접빈객'이에요.

봉제사는 조상님의 제사를 받드는 일이에요. 요즘에도 명절에는 차례를, 기일에는 제사를 지내곤 하지요. 조선 시대에도 마찬가지였어요. 아니……, 마찬가지가 아니라 그 차례와 제사가 조선 시대에서 시작되었다는 게 더 맞는 말이겠네요.

조선 시대엔 제사와 차례를 지금보다 훨씬 더 엄격하게 지냈어요. 조상에게 제사 지내는 건 유교 사회에서 가장 중요하게 생각하던 효도의 일부였으니까요.

그렇다면 접빈객은 뭐냐고요? 바로 손님을 대접하는 일이에요. 양반들한테는 손님을 맞이하고 접대하는 일이 무척이나 중요했어요. 그래서 양반들은 집에 손님이 왔을 때 쌀이 똑 떨어지면, 이웃집에서 빌려서라도 융숭히 대접하곤 했지요.

"멍 선비 있는가?"

아, 오늘은 반가운 손님이 찾아왔네요! 멍 선비와 고향에서 동문수학한 박 선비예요. 멍 선비가 장원 급제하던 해에 같이 과거 시험에 합격해서, 지금은 왕실 서적을 출판하는 홍문관에서 일하고 있지요. 멍 선비는 박 선비랑 바둑을 두며 고향 이야기로 즐거운 한때를 보내요. 가벼운 먹거리를 차려 낸 건 물론이지요. 저는 그 앞에 서서 필요한 게 없는지 살피면서 눈치껏 시중을 들어요.

박 선비는 오래지 않아 돌아갔어요. 사실 오늘의 하이라이트는 제사거든요. 멍 선비가 제사 준비를 하기 위해 몸을 일으키네요. 당연히 저도 따라가야죠.

허걱, 일 년 열두 달 제사라고?

제사 준비가 한창이네요. 양반들은 제사를 무척 여러 번 지내요. 아버지, 할아버지, 증조할아버지, 고조할아버지 4대에 걸쳐 지내는 제사인 '4대 봉사'는 기본이고요. 계절에 따라 지내는 시제, 명절에 지내는 차례까지 일 년 내내 제사가 없는 달이 없을 지경이에요.

멍 선비가 목욕재계를 한 뒤, 사랑방에서 책을 읽으며 대기 중이에요. '재계'란 제사를 지내기 전에 마음과 몸을 깨끗이 하는 행동을 가리켜요. 부정 타는 걸 막고 정신을 가다듬는단 의미를 지니고 있었지요. 물론 양반 체면에 홀딱 벗을 순 없으니, 얇은 속옷을 입은 채로 씻었다는 건 비밀!

4대 조상님 기일에 각 절기만 챙겨도 매달 제사네……

임진왜란 중에도 일 년에 28번 제사를 지냈단 기록이……

여종들이 제사 음식을 만드는 동안, 멍 선비는 붓으로 제사 때 읽을 제문을 정성 들여 써요. 제 동료 마당쇠는 손님을 맞이하기 위해 빗자루로 마당을 쓸고 있네요.

드디어 자시(밤 11시에서 새벽 1시 사이)가 조금 넘었어요. 붉은색 과일은 동쪽에 두고 흰색 과일은 서쪽에 둔다는 뜻의 홍동백서와, 어물은 동쪽에 두고 육류는 서쪽에 둔다는 뜻의 어동육서를 딱딱 지켜서, 제사상이 떡하니 잘 차려졌군요. 자, 이제 멍 선비가 술잔을 올리고,

임금을 도와 나라를 운영하던 어벤저스, 양반

조선은 유교 이념에 따라 백성들이 평안하게 사는 걸 이상으로 삼은 나라였다. 그렇다면 관료 양반들은 임금을 도와 어떻게 나라를 운영했을까?

양반들은 유교의 충효의 이념에 따라 임금에 충성했지만 그렇다고 마냥 따르기만 한 건 아니었다. 임금이 독단적으로 행동하는 걸 막고 견제하는 역할도 마다하지 않았다. 그래서 조정에도 사헌부와 사간원 등 임금이 잘못한 일이 있으면 비판하고 조언하는 역할을 하는 부서가 따로 있었다.

중앙 각 부서의 관료들은 형벌, 외교, 재무 등 다양한 나랏일을 하기 위해 끊임없이 공부하고 필요한 능력을 갈고 닦아야만 했다. 한 부서에서만 평생 일하는 게 아니라, 수많은 부서로 계속 옮겨 다녀야 했기 때문이다. 그래서 조선의 관료를 '학자 관료'라고 부른다. 이런 이유로 관직에 나선 양반들은 늘 과로에 시달렸다. 일이 많기로 소문난 정2품 형조 판서의 평균 재임 기간은 90일도 채되지 않았단다. 여기에 자칫 실수라도 하면 좌천되기 일쑤였고, 심하면 유배를 갈 수도 있었다.

그래서인지 '승경도 놀이(놀이판에 승진 순서에 따른 관직을 적어 놓고 좌천, 유배, 승진 등 복과 화를 섞어 노는 일종의 보드게임)'가 성행하기도 했다. 새해가 되면 승경도 놀이로 그 해의 관운을 점치기도 했다니, 엄청난 업무 능력을 지닌 양반 관료에게도 얼마간의 운은 필요했던 모양이다.

제문을 읽자 집안 남자들이 모두 절을 올려요.

마침내 제사가 모두 끝났어요. 이제 저 같은 노비들이 제일 좋아하는 음복 시간이에요! 맛난 제사 음식을 다 같이 나눠 먹는 시간이죠. 아, 맛있다, 맛있어! 냠냠냠.

"봇돌이, 게 있느냐? 거참, 네놈은 이름이 왜 하필 봇돌인 게냐? 그냥 돌쇠나 개똥이같이 쉬운 이름으로 바꾸든지 해야지, 원."

제사 음식을 한창 맛있게 먹고 있는데, 멍 선비님이 갑자기 저를 부르시네요. 사랑방으로 요강을 대령하라는 거예요. 이러다 똥까지 닦아 달라고 하는 건 아닌지 모르겠어요.

"뭘 그리 구시렁대는 게냐? 어서 서둘러! 오줌 싸겠다."

"예이~, 요강 대령입니다요, 나으리."

에효, 내가 대감마님 뒤치다꺼리나 하려고 유명 로봇 연구소들을 마다하고 역사 연구소에 온 게 아닌데 말이에요. 심지어 거기서는 평생 무료로 충전해 준다고까지 했다니까요? 멍 선비님 시중 드느라 하루 종일 뛰어다녔더니 로봇인데도 지치네요, 지쳐! 그나저나……, 당장 오늘은 어디서 충전하지?

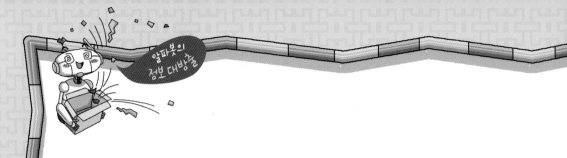

조선 시대 양반은 오늘날의 금수저일까?
… 조선 시대 신분 제도의 특징 …

조선 시대에는 신분을 명확하게 법으로 구분하지 않았다. 단지 노비에 대한 규정이 발견될 뿐, 양반-중인-상민-천민으로 세밀하게 나눈다는 기록은 찾기 어렵다.

그래서 조선 시대의 신분제는 변화에 변화를 거듭한다. 조선 초기에는 신분을 크게 두 가지, '양인'과 '천인'으로 나누었다. 양인과 천인을 나누는 기준은 '자유'였다. 즉, 자유가 있으면 양인, 없으면 천인이었던 것. 양인에는 양반·농민·수공업자·상인 등이 포함되었고, 천인은 노비를 비롯해 무당·기생·광대·백정 등 여덟 가지 천한 직업을 지닌 사람들을 가리켰다. 이렇게 양인과 천인 두 가지 신분으로 나눈 조선 초기 신분제를 '양천제'라고 부른다.

그런데 조선 후기로 가면서 신분이 점차 세분화되기 시작한다. 관직에 오른 양반들이 나라의 혜택을 받고 부와 권력을 대물림하면서, 양반이 최상위 지배층으로 올라서자 '양반-중인-상민(평민)-천민' 등 네 종류로 자리 잡게 된 것이다. 이를 조금 어려운 말로 '반상제'라고 부른다. (본문에서는 편의상 조선 후기의 네 가지 신분을 기준으로 삼았다.)

신분제가 이렇게 변화를 거듭했지만, 천민 신분만큼은 별다른 변화가 없었다. 특히 조선 시대 초기부터 주인의 재산으로 여겨진 노비는 조선 후기까지도 매매와 상속, 증여의 대상이었다. 말하자면 사람을 사고팔 뿐 아니라 아들이나 손자에게 물려줄 수도 있었다는 뜻이다. 게다가 부모 중 한쪽이 노비라면 그 자식은 무조건 노비가 되었다.

조선은 고려뿐 아니라, 그보다 훨씬 전에 삼국을 통일했던 신라에 비해서도 강력한 신분 제도를 유지했다. 바꿔 말하면 조선의 지배 세력이던 양반 계층의 입김이 사회 구석구석까지 퍼져 나갔다고나 할까?

그래서인지 노비의 자식까지는 노비로 삼지 않았던 중국이나 비교적 일찍 신분 제도를 폐지했던 일본에 비해, 19세기에 들어서서야 노비제가 폐지되는 조선의 신분제는 조금 가혹해 보이기도 한다.

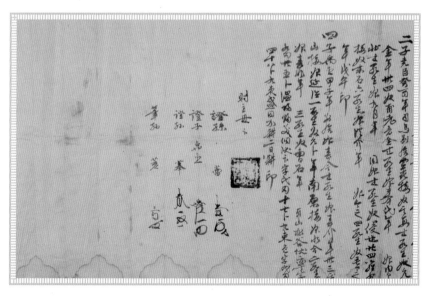

관청에서 이순신 장군에게 발급한 별급문기. 1576년 무과에 급제한 이순신이 집안의 토지와 노비를 물려받았다는 내용이 기록되어 있다. '별급문기'란 재산의 증여나 상속에 대한 변동 사항을 기록한 문서이다. ©문화재청

2000년의 신분제 vs. 100년의 민주주의

조선 후기 실학자인 연암 박지원은 《양반전》에서 '하늘이 백성 넷을 낳았는데, 그중에 으뜸은 양반이다.'라며 양반을 비꼬았다. 이처럼 최상위 계층이던 양반은 같은 계층에 속한 사람이 스스로 비판할 만큼 거대한 권력을 누렸다.

유학의 질서를 앞세워 상민이나 노비가 양반인 수령을 고발하지 못하게 만들었고, 신분증인 호패를 항상 가지고 다니도록 법으로 정했다. 또 호적 조사를 통해 백성 전체를 주기적(대체로 3년)으로 파악했는데, 이는 세계적으로도 보기 드문 경우였다나? 이렇게 신분제를 굳건히 지킨 양반들은 보통 중앙 관리로 근무할 경우 노비 200명 이상을, 지방 양반조차 50명 내외를 거느렸다고 한다.

그렇다면 조선의 양반이 지금에 비해 유난히 많은 권력을 누린 이유는 무엇일까? 대한민국은 모든 국민이 똑같이 자유와 평등을 누리는 민주주의 국가인 반면, 조선은 신분에 따라 서로 다른 규칙이 적용되는 신분제 사회였기 때문이다.

요즘은 돈이 많은 사람이나 적은 사람이나, 법을 어기면 동일한 처벌을 받는다. 부자든 아니든, 아무 데나 오줌을 누다가 경찰에게 잡히면 똑같이 경범죄로 처벌을 받는다는 이야기다. 의무도 마찬가지다. 우리나라에서 공무원이 아니라는 이유로 세금을 두 배 내거나, 단지 부자라고 해서 국방의 의무가 면제되는 경우는 없다.

사실, 한 나라를 구성하는 국민 모두가 평등을 누리게 된 건 그다지 오래되지 않았다. 신분제 사회가 유지된 기간에 비하면 더더욱 짧은 편이다.

1948년에 발행된 관보(정부에서 발행하는 기록 문서)에 대한민국 헌법 전문이 실려 있다. 본문의 첫 부분 제1장 제1조와 제2조에서 '대한민국은 민주 공화국이며, 모든 권력은 국민으로부터 나온다.'라고 밝히고 있다. 모든 국민이 나라의 주인이라는 점은, 한 명의 왕이 다스리는 신분제 사회와 구분되는 가장 큰 차이점이다.

우리 역사만 놓고 봤을 때, 시대별로 노예에 대한 처우는 조금씩 달랐을 지언정, 고조선 때부터 노예를 부리는 신분제는 계속해서 유지되었다. 조선의 고종 임금이 신분제를 폐지한 순간까지, 얼추 이천 년 가까이 되는 시간 동안 노예, 또는 노비, 혹은 천민이 있었던 것이다.

반면에, 모든 국민이 동일한 권리와 의무를 지는 민주주의 국가가 지금처럼 자리 잡은 지는 채 백 년이 되지 않는다. 단순히 유지된 시간만 비교하면 '2,000년의 신분제'와 '100년의 민주주의'라고나 할까? 우아! 연표로 그리면 스무 배 이상 차이가 난다!

여기서 신분제가 나쁘고 민주주의가 좋다는 주장(?)을 하려는 건 아니다. 당연히 시대상이라는 걸 고려해야 하니깐 말이다. 하지만 조선 시대의 노비가 우리를 부러운 눈길로 바라보며 '님들, 정말 운 좋았슈!'라고 얘기해도 딱히 할 말이 없을 것만 같다.

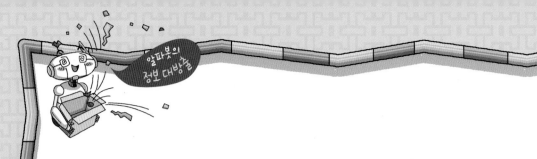

신분에 따른 차별에서, 인종에 따른 차별로
⋯ 세계 신분 제도의 변화 ⋯

'자유와 평등'이라고 하면 고대 그리스의 민주주의가 떠오른다. 또 고대 로마 제국에서는 의회를 통한 공화 정치가 이루어지기도 했다. 이러한 전통이 서양 사회에 뿌리를 내려 오늘날 민주주의를 이루었다고 생각하는 사람들이 적지 않다. 하지만 자세히 뜯어보면 착각일 수 있다!

고대 그리스의 민주주의는 남자 시민들에게만 해당되는 이야기였다. 여성과 노예는 해당되지 않았다. 특히 노예들은 온갖 힘든 일을 하면서도 누릴 수 있는 권리는 전혀 없었다. 그리스 사람들은 전쟁에서 끌고 온 사람들을 노예로 삼아 그들에게 갖은 노동을 맡겼다. 덕분에 한가해진 시민들이 광장에 모여 투표와 토론을 할 수 있었다.

로마 제국도 비슷하다. 고대 로마 제국은 주변국 뿐 아니라 아프리카, 아시아 일부까지 차지해 광활한 영토를 이루었다. 그들은 정복지의 영토에서 주민들을 끌고 와 노예로 삼았다. 노예들은 특기를 살려 의사나 요리사 등의 일을 하기도 했고, 콜로세움에서 사자와 싸우는 검투사가 되기도 했다. 로마 시민 중 잘 사는 사람은 수백 명에서 수천 명의 노예를 소유했고, 먹고살기 힘든 사람조차 두세 명의 노예를 소유했다고 한다.

특이한 건 법적으로 노예의 결혼을 막았는데, 간혹 노예끼리 결혼해서 낳은 자식은 자유민으로 해방시켜 주었다. 주인에게 더 충성하라는 뜻이었을까? 아무튼 로마 제국의 노예 신분은 노예가 죽으면 끝나는 것이었고, 노예를 대신할 노예는 다른 정복지에서 또 끌고 와야 했다. 그런데 더 이상 침략할 지역이 없으면 어떻게 될까? 노예 공급이 막히게 되고, 일할 노예가 줄어들면 생산성이 떨어지게 될 것이다.

어떤 연구자는 로마가 노예 때문에 발전했고, 노예 때문에 망했다는 농담을 하기도 한다. 아무튼 로마의 공화 정치 역시, 노예들이 모든 생산 업무와 각종 노동을 담당했기에 가능한 일이었다.

시간이 흘러 16세기가 되면, 유럽인들은 아프리카에서 사람을 잡아서 신대륙에 파는 '노예 무역'을 추진한다. 돈을 벌기 위해 사람을 상품 취급했고, 이들을 구매한 주인들은 목화 농장이나 광산에서 일을 시키며 가축 취급을 했다. 18세기가 되면서 인권이라는 개념이 널리 퍼지게 되었지만, 노예 제도는 계속해서 유지되었다.

다른 인종을 소나 말쯤으로 여기던 아메리카에서는 1800년대에 들어서야 그들도 사람이라는 생각을 하게 된다. 1865년, 남북 전쟁에서 노예 해방을 주장하던 북부가 승리를 거두면서 미국에서 노예제가 폐지되었고, 남아메리카 최대 농업 생산국이던 브라질에서는 1888년에 노예 해방이 이루어졌다. 150년이 채 되지 않았다는 소리다.

1845년, 미국의 세인트루이스에서 흑인 노예 '아메리카'를 팔기 위해 만든 광고 전단. 경매 날짜와 시간을 공지하고, 가장 높은 금액을 부르는 사람에게 판다고 적혀 있다. ©미국 미주리 역사 박물관

우리는 자급자족, 상민의 일과

양반의 일상생활 잘 봤니? 누군가한테 늘 대접받고 사는 게 편해 보이긴 해. 하지만 나랏일하랴, 노비들 농사일 감독하랴, 손님 접대하고 제사 지내랴, 책 읽고 자녀 교육하랴, 양반 노릇하기도 만만치는 않겠는걸.

그러면 이번에는 상민의 생활을 관찰할 차례! 알파봇, 충전은 대충 끝났니? 어차피 조선에 간 김에 여기저기 다 둘러보고 왔으면 좋겠는데……. 뭐? 내 목소리가 잘 안 들린다고?

전국 팔도 농부들아 사는 게 힘든 걸 탓하지 마라

사농공상 생긴 후에 농사보다 더한 게 있는가

천하지대본은 농사밖에 없다네

어화, 우리 농부들이 으뜸가는 사람일세

노적가리 쳐다보며 덩실덩실 춤만 추네

네, 여기는 조선의 작은 마을입니다. 저기 옆에 농부들이 모여 논일을 하면서 노래를 부르고 있어요. 그래서 박사님 목소리가 잘 안 들려요. 잔소리할까 봐 안 들리는 척하는 건 절대 아니라고요.

엇, 노래를 가만히 듣다 보니 천하니, 으뜸이니 하는 말이 나오네요. 음, 농사에 대한 자부심이 절절하게 묻어나는 것 같습니다. 일하느라 힘들어서 지칠 법도 한데, 왜 노래까지 부르는지 모르겠네요.

아, 저쪽 언덕 너머에 아이들 서넛이 어디론가 바삐 가고 있습니다. 양반들이라면 새벽 일찍 일어나 책을 읽은 다음 서당에 갈 텐데, 상민들은 공부 대신 다른 일을 하는군요. 공부라면 질색인 제 입장에서는 오히려 상민의 생활이 좋아 보이는데요?

그러면 일거리를 찾아 이 마을 저 마을 떠돌아다니는 심부름꾼 아이가 되어 상민들의 생활 속으로 들어가 보겠습니다.

"안녕하세요, 아저씨. 혹시 일거리 좀 없나요? 이 마을 저 마을 떠돌며 먹고사는데, 어쩌다 보니 이 마을까지 오게 되었어요. 부모님이 안 계시거든요."

"어허! 아직 어린 것 같은데 어쩌다가? 그런데 우리 같은 상민들은 사람을 사서 일하진 않아. 멀쩡한 팔다리가 있는데 왜 굳이 일꾼을 쓰겠니? 아직 어려서 모르나 본데, 각 마을에는 서로서로 돌아가며 농사일을 도와주려고 만든 모임인 두레가 있어. 두레에선 일손이 급한 집을 먼저 도와주게끔 되어 있지. 게다가 집집마다 자식들도 줄줄이 있고 말이야.

저기, 저기 보이지? 산에 오르는 아이……. 다 우리 집 애들이야. 새벽 일찍 일어나서 소여물을 주고서 이제 막 산에 나무하러 가는 중이야. 정 일거리가 없거든 아이들 따라가서 나무나 해 오려무나. 아니면 집집마다 돌면서 베 짜는 여인네들을 돕든지. 나무나 베는 양반댁에 팔 수 있으니까.”

“아니, 아이들이 서당에서 공부를 해야지 왜 산에 가서 일을 해요?”

“공부야 일하지 않아도 먹고살 거리가 있는 사람들 얘기지. 상민들 중 그런 사람이 몇이나 되겠니? 나라에서는 상민도 과거 시험을 볼 자격이 있다고들 하지만, 당최 공부할 시간이 없으니 문이 열려 있으나 마나지.”

음, 농부들은 모든 생활을 전부 스스로 해결하는군요. 먹을거리, 땔거리, 입을 거리……, 전부 다요. 앗, 이렇게 노닥거리다간 심부름꾼으로 변장한 게 들통나겠는걸요?

“아저씨, 그럼 제가 노래 한 곡 불러 드릴까요? 아까 보니까 노래를 부르며 힘들게 일하시던데……. 저, 랩도 잘하고 춤도 잘 춰요. 댄스 대회에서 상도 받는걸요. 그래서 제 별명이 댄싱봇이라니까요!”

"래, 랩, 뭐시기? 암튼 그건 됐다. 우리 입으로 흥얼거려야 신이 나기도 하고, 그 맛에 쉬지 않고 일도 계속하게 되는 거지. 잔칫날도 아닌데 남이 부르는 노랫소리 들으면서 감상할 일이 뭐 있겠냐?"

쩝, 할 말이 없네요. 뭐, 저도 듣는 것보다 부르는 게 더 흥이 나긴 하니까요. 이제 보니 힘든 걸 잊기 위해 노래를 부르고 있었나 봐요. 그런 걸 '노동요'라고 하던데……. 저렇게 허리 한 번 펴지 못하고 일을 하는데도 얼굴에서 미소가 떠나지 않는 걸 보니 노동요가 꽤 효과가 있긴 한가 봐요.

농사일 틈틈이 의무를 다하다

앗, 갑자기 관아에서 나온 듯 보이는 아전이 열심히 일하는 농부들을 불러 모으네요.

"자네들, 오늘 오후에 보를 만들러 가기로 했지 않은가? 그런데 새벽부터 논일로 힘을 다 빼놓으면 어쩌려고 그러나?"

"논일 다 하고도 역을 질 수 있지요. 어디 하루 이틀인가요? 비록 나랏일이긴 해도 보를 만들어 두면 우리 논에 물을 댈 수 있으니 힘들어도 다들 가야지요."

착하게 생긴 농부 한 명이 논에서 걸어 나와 웃으면서 대답을 하네요. 어, 그런데 저 뒤에 서서 얼굴을 잔뜩 찌푸리고 있는 농부는 불만이 많은가 봐요.

"어제 공물로 바칠 버섯을 캐느라 농사일을 반도 못 했어요. 더 늦어지기 전에 모내기를 끝내야 할 텐데, 이번에는 또 역을 지라니요?"

"그러니까 버섯 따는 일은 여자들 시키라고 하지 않았나?"

"여인네들은 밭일을 해야지요."

말은 그렇게 하면서도 다들 손발을 툭툭 털고는 아전을 따라 산으로 올라가네요. 농부들이 산 너머에서 나랏일을 하는 동안, 저는 초가집이 모여 있는 마을로 들어가 그 안을 살펴보겠습니다.

앗, 저기! 자기 몸의 서너 배는 되어 보이는 짐을 지게에 싣고 가는 사람이 보입니다. 대체 누구일까요?

"아저씨는 누구세요?"

신분 제도, 조선을 떠받치다

사농공상, 직업에 귀천이 있다?

조선은 유교 이념을 바탕으로 나라를 건국했다. 따라서 여러 제도나 체제가 대부분 유교 교리에 맞춰 정비되었다. 백성들의 직업 역시 유교 이념에 따라 나누게 된다. 흔히 '사농공상'이라고 불리는 네 가지 직업이 대표적이다.

사(士)는 유학을 공부하는 '선비', 농(農)은 농사짓는 '농사꾼', 공(工)은 물건을 만드는 '장인', 상(商)은 물건을 파는 '상인'을 가리킨다. 당연히 유학을 공부하고 왕을 보좌해서 나라를 다스리는 선비를 가장 귀한 직업이자 신분으로 여겼고, 나라의 근간인 농사짓는 사람을 그다음으로 중요하게 생각했다. 그러니까 같은 상민이라도 농사를 짓느냐, 물건을 만드느냐, 장사를 하느냐에 따라 어느 정도 차별이 있었던 셈이다.

조선 후기에 실학자들이 신분 제도 철폐와 노비 해방을 주장한 이유에는, 직업의 귀천을 나누는 바람에 상업과 기술이 발전하지 못한다는 우려의 시선도 담겨 있었다.

"나 말이냐? 옹기를 파는 옹기장수지. 이 마을 저 마을 다니면서 옹기를 팔아먹고 사는 신세란다."

"그럼 장사꾼이네요? 장사꾼이면 상민인가요, 노비인가요?"

"예끼, 이 녀석! 무슨 소릴 하는 게냐? 농사꾼들보다 대접을 덜 받아서 그렇지, 장사꾼들도 엄연한 상민이라고. 기술자나 장사꾼 모두 상민이거늘, 천한 노비와 비교를 하다니."

옹기장수를 졸졸 따라다니며 다닥다닥 붙어 있는 초가집들을 구경해 볼까 봐요. 그런데 이 마을 아이들은 장난 같은 건 치지 않나 보네요. 게다가 옹기 구경하러 나오는 사람이 한 명도 안 보여요. 그렇다고 놀고 있다는 건 아니에요. 물을 긷고, 밭일을 하고, 음식을 만드느라 하나같이 바빠 보이거든요. 어, 저 아주머니는 부엌에 앉아 불을 때면서 꾸벅꾸벅 졸고 있네요.

"아주머니, 불 앞에서 그렇게 졸다가 치마 다 태우겠어요."

"어이쿠, 깜짝이야. 깜빡 졸았네. 몇날 며칠 베 짜느라 한숨도 못 잤지 뭐니?"

아주머니가 얼추 식사 준비를 끝냈을 무렵, 아까 낮에 나랏일하러 끌려갔던(?) 아저씨가 어기적어기적 돌아왔어요. 산에 갔던 아이들도 돌아왔는데……. 어라? 지게에 나무를 잔뜩 지고 온 것 있죠?

이제 가족끼리 둘러앉아 밥을 맛있게 먹어요. 반찬이라곤 보리밥에 된장국, 나물이 전부인데 참 맛있게도 먹네요. 비록 몸은 힘들어도 옆에서 이래라저래라 하는 사람 없이 자기 뜻대로 살아가니 마음만은 편한가 봐요.

저녁을 먹고 나자 아이들은 쌔근쌔근 잠이 들고, 아주머니는 설거지를 마친 뒤 베를 짜러 방으로 들어가요. 베 짜서 세금을 내고, 남은 걸 장에 내다 팔면 제법 큰돈이 된다나요? 그래서 저렇듯 열심히 일을 하는 것이겠지요.

"아저씨, 하루 종일 일만 했는데 너무 힘들고 지겹지 않으세요? 이렇게 일만 하는데 부자가 되지 못하면 너무 억울할 것 같아요!"

"억울하긴. 우리는 나라를 떠받치는 기둥이란다. 농민이 농사지어서 세금 내고, 장사꾼들이 물건을 팔아서 돈이 돌고, 기술자들이 물건을 만들어 내야 나라가 잘 굴러가지."

아, 비록 힘은 들지만 자부심이 뿜뿜 넘치는 것 같아요. 물론 남부럽지 않을 만큼 풍족한 사람도 있고, 평생 남의 땅을 빌려서 일하느라 겨우겨우 입에 풀칠하는 사람도 있어요. 하지만 재산이 얼마나 많으냐를 떠나서 상민들은 스스로 일을 해서 먹고사는, 그야말로 자유로운 사람들이라는 걸 기억해야겠네요.

이상, 조선의 한 농가에서 알파봇이었습니당!

조선 경제를 책임지는 일등공신, 상민

조선은 농업 국가였다. 물론 고대 시대 이후로 중세가 끝날 무렵까지 세계 거의 모든 나라가 농업 중심으로 운영되었기에 그다지 특별한 건 아니었다. 그러니 유교에서도 '농사짓는 백성을 하늘처럼 여기라'고 했을 것이다.

농업 국가인 만큼 농사와 관련된 일은 임금과 양반들의 주된 관심사일 수밖에 없었다. 특히 농사를 짓는 주요 계층인 상민은 나라의 근간이나 다름없었다. 나라에서 농사에 관한 책을 편찬할 때, 각 고을의 나이 많은 농사꾼들 의견을 수집해 정리했다는 사실이 이를 뒷받침해 준다고 할까? 꼬박꼬박 곡식을 세금으로 거두어 나라를 운영했기에, 농사짓는 상민은 그 무엇보다 소중한 존재였다.

뿐만 아니라 각 고을에서 생산된 물건을 전국 팔도의 장시를 돌며 판매하고 교환하는 상인들, 나라에 필요한 물건을 직접 만들어 납품하는 수공업자들 역시 조선의 숨겨진 주역들이었다. 농부, 장사꾼, 기술자로 이루어진 상민이 조선의 경제를 떠받친 셈이다.

어느 외거 노비의 일생

잘 봤다, 알파봇. 상민들은 일을 지시하고 감독하는 주인이 없으니, 일을 마치면 편히 쉬면서 한가롭게 지낼 줄 알았는데……. 그게 아닌 모양이네? 일만 하면 되는 게 아니라 부역에, 공물에, 할 일이 많아도 너무 많구면. 아니, 그럼 천민인 노비는 이보다 더 힘든 삶을 살았다는 얘긴데……. 쩝!

이참에 외거 노비의 삶을 통해 노비의 일생을 살펴보자고. 외거 노비가 뭐냐고? 따로 떨어져 살면서 농사를 짓거나 장사를 해서 주인한테 정해진 양만큼 베나 곡식을 바치는 사노비를 말해. 지금 소개할 노비가 바로 외거 노비야. 이름은 '견우'.

견우는 비록 노비이지만 원대한 꿈을 품고 있어. 이른바 '면천'이 꿈이라나? 면천이란 천한 신분에서 벗어나는 걸 말해. 과연 견우의 꿈이 이뤄질지 한번 지켜보자고.

태어나 보니 종이었다?

아비는 종이었어요. 부모가 종이면 그 자식도 종이 되는 법에 따라서 난 태어나면서부터 종으로 살았지요. 노비의 일생이요? 우리 같은 종한테 일생이랄 게 뭐 있겠습니까? 주인집에서 시키는 대로 일하고 주는 대로 먹다가 인생 끝나는 거지요. 그렇지만 나에겐 꿈이 있었어요. 개돼지가 아닌, '사람'으로 살고 싶다는 꿈!

내 나이 열다섯 살쯤 되었을 때, 문득 이런 생각이 들더군요.

'천지신명께서 내게 소원이 뭐냐고 묻는다면 첫째도 면천, 둘째도 면천이오, 라고 대답해야겠다!'

그만큼 어려서부터 나는 노비라는 신분에서 벗어나고픈 욕망이 강렬했어요. 허나 조선에서 노비 신분에서 벗어나는 건 하늘의 별따기처럼 어려운 일이었지요. 그 소원을 이루는 게 결코 녹록지 않으리라는 건 누구보다 잘 알고 있었답니다.

지금 와서 생각해 보면, 어렸을 때 겪었던 일들이 트라우마(?)처럼 남아서 그런 소원을 가지게 된 걸 수도 있어요. 아비가 지방 관아의 공노비여서, 어려서부터 일하는 모습을 쭉 보아 왔거든요. 그런데 아비가 양반과 아전에게 천대받는 것도 모자라, 툭하면 매를 맞는 모습이 어린 마음에도 못내 억울하게 느껴지더라고요.

다 똑같은 사람인데, 왜 누군 맞고도 아무 소리 못하고 살아야 하냐고요. 게다가 그냥 태어나 보니 종인 거잖아요. 내가 선택한 게 아니죠! 나이가 들수록 '그럼 내 자식도 이렇게 살아야 하나?' 하는 생각에 한숨이 절로 새어 나오더군요. 그때부터 사람답게 살아 보고자 하는 생각이 꿈틀거리기 시작했지요.

언젠가 면천될 날이 오려나?

처음엔 나도 부모님을 따라 관아에서 공노비로 살았어요. 그러다 사또 나리가 한양으로 올라갈 때 아비를 사노비로 삼아서 데려가는 바람에, 나도 덩달아 그 집의 사노비가 되었지요. 물론 그 사또 나리는 아비의 몸값을 나라에 지불하였답니다.

그런데 주인집 노비로 살아 보니, 관아에서 공노비로 지내던 것보다 몇 배는 더 힘들더군요. 아무리 노비에게 자유가 없다지만, 이건 정말이지 노예나 다름없었어요. 그 후로 면천하고픈 꿈이 더욱더 강렬해졌지요.

나는 주인 나리의 신임을 얻어 외거 노비가 되기 위해 소처럼 일했어요. 외거 노비가 되면 주인과 떨어져 살면서 이런저런 일을 할 수 있으니까요. 자기 재산을 모을 수도 있고, 혼인해서 가정을 꾸릴 수도 있거든요. 게다가 주인집에서 멀리 떨어질수록 눈치를 덜 볼 수 있지 않겠어요?

실은 중요한 이유가 하나 더 있었어요. 주인집에 마음씨 착한 여종이 있었답니다. 어느새 시집 장가갈 나이가 되어 서로 호감을 느끼게 되었지요.

하지만 주인집에 살면서 일하는 솔거 노비는 가정을 꾸리기가 쉽지 않아요. 주인이 거처를 옮기라고 하면 옮겨야 하고, 어디다 팔아 버리면 그리로 가서 살아야 하거든요. 그러니 가정을 유지하기가 힘들 수밖에요.

다행히 주인 나리는 그런대로 좋은 분이었어요. 덕분에 언년이와 혼인을 하게 되었답니다!

그래요, 난 꿈이 있어요

혼인하기 며칠 전, 연인들의 만남의 장소로 유명한 물레방앗간에서 언년이에게 내 꿈을 노래로 들려줬던 기억이 나요. 제목은 〈노비의 꿈〉이지요. 흠흠.

난 꿈이 있었죠.

노비로 태어나 비루하여도 내 가슴 깊숙이 보물같이 간직했던 꿈.

그래요 난, 난 꿈이 있어요. 그 꿈을 믿어요.

나를 지켜봐요.

저 차갑게 서 있는 신분제라는 벽 앞에 당당히 마주할 수 있어요.

신분 제도, 조선을 떠받치다

언젠가 난 그 벽을 넘어서, 면천을 이뤄 자유롭게 살 수 있어요.

무거운 노비 신분도 나를 묶을 순 없죠.

내 삶의 끝에서, 노비 해방 그날을 함께해요.

내가 우렁찬 목소리로 노래하는 걸 듣고 언년이가 어찌나 감동을 받던지! 마침내 우리는 냉수 한 그릇 떠 놓고 백년가약을 맺었어요. 그러자 주인이 우리를 외거 노비로 살게 해 주었지요. 일 년에 면포 두 필을 바치기로 하고요.

그때부터 정말 소처럼, 아니 소보다도 더 열심히 일했어요. 동트기 전에 밭에 나가 해질 무렵까지 괭이자루를 놓지 않을 정도로 말이지요. 주인집 논농사만 지은 게 아니라, 황무지를 개척하고 화전을 일구며 손톱 발톱이 빠지도록 열심히 일했지요.

운도 좋았어요. 개성에 친척 한 분이 살았는데, 그분이 돈이 될 거라고 하면서 인삼 몇 뿌리를 심어 보라고 주셨어요. 두어 해 실패를 거듭한 끝에 드디어 인삼 재배에 성공했답니다! 인삼을 시장에 내다 팔아 돈을 모으고 그 돈으로 다시 인삼을 사서 심었는데, 완전 대박!

자유 아니면 죽음을!

나는 그동안 모은 돈을 박박 긁어서 주인 나리를 찾아갔어요.

"나리, 쇤네를 면천시켜 주십시오."

다행스럽게도 주인 나리는 우리 부부의 노력을 대견하게 여겼어요. 결국 나와 아내를 면천시켜 주었지요. 물론 몸값은 한 푼도 안 깎고 다 쳐서 받았지만요.

마침내 나는 노비의 평생 꿈인 면천을 이루었어요. 그리고 지금은 당당히 아들딸 낳고 나라에 세금을 내는 상민으로 살고 있답니다.

생각해 보면 노비 신분에서 벗어나는 건 꿈같은 일인데, 이게 다 '자유 아니면 죽음을 달라!'며 면천의 꿈을 포기하지 않고 열심히 일한 덕분이란 생각이 들어요.

여러분도 꿈을 이루기 위해 저처럼 포기하지 않고 끝까지 달려 보아요!

바쁘다 바빠, 노비의 하루

〈노비의 꿈〉이라. 음, 어디서 들어 본 듯한 건 기분 탓일까? 아무튼 감동적이로군. 사실 견우처럼 노비 신분에서 벗어나는 경우는 극히 드물었어. 특히 주인집에서 일하는 솔거 노비들은 평생토록 주인집 노비로 사는 경우가 대부분이었지. 그래서인지 노비 중에서 힘들기로는 솔거 노비가 최고였다고 해.

왜냐고? 양반들은 노비를 거의 가축처럼 취급하는 경우가 많았거든. 말을 할 줄 아는 소나 말 정도? 아니, 정말이래도?

그럼 이쯤에서 노비의 종류를 한번 정리해 볼까?

주인과 함께 살며 집안일을 책임지는 솔거 노비

주인과 떨어져 살며 농작물 등을 바치는 외거 노비

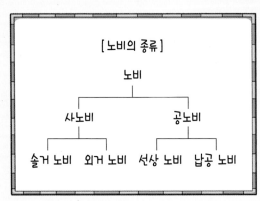

[노비의 종류]

```
                    노비
          ┌──────────┴──────────┐
        사노비                  공노비
     ┌────┴────┐           ┌────┴────┐
  솔거 노비  외거 노비   선상 노비  납공 노비
```

소속 관청에 출근해서 일하는 선상 노비

출근 안 하고 소속 관청에 신공을 바치는 납공 노비

조선의 사노비 중에서도 솔거 노비는 하는 일이 무척 많았어. 집안 일하랴, 농사지으랴, 길쌈하랴……. 뿐만 아니라 아기를 대신 키워 주는 유모나 주인이 원할 때 언제든 음악을 연주하고 노래를 부르는 악노와 가비, 주인의 친척집을 돌며 안부를 전하는 문안비도 있었지. 심지어 상을 당한 양반댁에 가서 대신 곡을 해 주는 곡비라는 노비도 있었다나. 집안의 똥통을 담당하는 똥담살이라는 전문직 노비가 있었을 정도니, 말 다했지 뭐.

이처럼 아예 곡식만 바치면 되는 외거 노비에 비해, 똑같은 사람인데도 자신과 가족보다 주인을 우선적으로 생각해야 하는 솔거 노비는 정신적으로도 무척이나 힘들었을 거야. 감기 걸려서 목이 아파 죽겠는데 하루종일 주인 나리 앞에서 노래를 불러야 한다고 생각해 봐. 노래가 마음에 안 든다고 손자뻘 되는 도령한테 꿀밤까지 맞아 가면서 말이지. 어휴, 생각만 해도 끔찍하지 않아?

양반도 아닌데 나랏일을 한다고?

노비는 그냥 다 같은 노비인 줄 알았더니, 생각보다 하는 일이 무지무지 다양하지? 양반들은 노비가 없었으면 어떻게 살았을까 싶은 느낌이랄까? 뿐만 아니라 관청에서 일하는 공노비들이야말로 꼭 필요한 존재였어.

중앙과 지방 관청, 그리고 궁중에서 일하는 노비를 '공노비'라고 불

러. 하는 일로 따지면 말단 공무원이라고 할 수 있지. 물론 봉급은 없이 일만 하지만 말이야. 그런 게 어딨냐고? 음, 진짜래도.

공노비에는 두 종류가 있어. '선상 노비'와 '납공 노비'……. 선상 노비는 출퇴근을 하며 일하는 노비이고, 납공 노비는 출근을 하지 않는 대신 소속된 관청에 기한에 맞춰 공물을 납부하는 노비야.

공노비는 가정을 이루고 재산을 모을 수도 있었어. 하지만 관청에 나가서 일하는 긴 시간 동안 집을 비워야 하기 때문에, 생활을 꾸리기가 여간 어려운 게 아니었나 봐. 농사를 짓거나 소를 키울 시간이 없는 거지.

그래도 집에서 어찌어찌 출퇴근할 수 있는 한양의 공노비는 조금 나은 편이었어. 지방에 사는데도 한양의 관청으로 뽑혀서 오게 된 공노비의 고통은 이루 말할 수 없을 정도였지. 잘 곳이 마땅치 않아 남의 집 처마 밑에서 거적때기를 덮고 잠을 자는 경우도 많았다나?

그렇다고 집에서 재택근무하며 물건을 바치는 납공 노비는 무지무지 편했을까? 그렇지 않아. 납공 노비는 관청에서 일하지 않는 대신, 남자 종은 일 년에 베 두 필, 여자 종은 베 한 필 반을 신공으로 바쳐야 했거든. 근데 이게 절대 만만한 양이 아니었어.

납공 노비는 남자 종 여자 종 가리지 않고 모두 신공을 바쳐야만 했어. 만약 공노비 집에 자녀가 있다면 어떻게 될까? 아들딸 하나씩 낳은 평범한 공노비 집안은 일 년에 거의 베 일곱 필을 나라에 바쳐야 하는 셈이야. 이렇게 노비들에게서 거둬들인 신공의 양이 꽤 많아서, 나라 살림을 유지하는 데 크게 도움이 되었다지?

〈춘향전〉의 방자는 사노비일까, 공노비일까?

한양과 지방 가릴 것 없이 관청에는 공노비들이 많았어. 전체 노비 가운데 약 10퍼센트가 공노비였다고 해. 나라님이 계신 곳이라 일반 백성들은 평생 들어가 보지 못하는 궁궐이나 관청에 오히려 노비들은 일을 보러 왔다 갔다 한 거지.

나랏일을 하는 데 공노비가 얼마큼 중요한 역할을 했느냐고 묻는다면 딱 잘라 말하기가 어려워. 그렇지만 조선 시대 관청은 양반이 입법·사법·행정·군사·외교·국방·세무·건설 등의 업무를 계획하면, 노비들이 관료의 명에 따라 관청의 말단 업무를 도맡아 하는 시스템이었어. 그러니 양반 관료와 공노비는 떼려야 뗄 수 없는 관계였던 셈이지.

한양과 마찬가지로 지방 관아에도 공노비가 많았어. 지방 관아에도 수백 명에 달하는 공노비가 등록되어 있었거든. 지방 관아에서 공노비들은 어떤 일을 하냐고? 한양에 있는 중앙 관청이나 궁궐 노비랑 똑같은 일을 하는 거지, 뭐. 사또와 사또 가족들 시중들고, 밥하고, 빨래하고, 말똥 치우고, 고깃간 관리하고……. 여하튼 관아가 돌아가는 데 필요한 온갖 잡일을 다 맡아서 하는 거야.

혹시 〈춘향전〉에 등장하는 방자라고 들어 봤어? 남자 주인공인 이몽룡의 몸종으로 나오는 남자 종 말이야. 방자가 바로 지방 관아에서

나라의 허드렛일을 도맡은 소모품, 노비

유럽 문명의 근간이 된 고대 그리스·로마 문명조차 노예들의 희생이 없었으면 그처럼 꽃을 피우지 못했을 거라는 여기는 연구자들이 많다. 비단 유럽뿐 아니라, 고대에서 중세 시대까지 세계 대부분 지역에서 노예, 노비 등으로 불리는 사회 최하층 계급의 희생을 강요하는 경우가 많았다. 조선 시대도 마찬가지였다. 최상위 계층인 양반들의 손발 노릇을 한 건 물론이고, 아무도 하지 않으려는 힘들고 괴로운 일—백정, 장의사, 망나니는 물론이고, 도자기와 종이를 만드는 장인까지—들을 도맡는 경우가 많았다. 그리고 무엇보다도 중요한 건, 노비들 역시 농사를 짓거나 물건을 생산해 나라에 바치는 양이 상당했다는 점이다. 상민들처럼 수확량의 일부를 세금으로 내는 게 아니라, 사정 따윈 아랑곳하지 않고 강제로 거두어 가는 신공이라 훨씬 혹독했다. 상민이 나라의 '관심'을 받으며 세금과 공납, 군역으로 고생한 백성들이라면, 노비들은 나라의 '감시' 속에서 기계처럼 일만 하다가 고장이 나면 버려지는 소모품이나 다름없었다.

양반의 치다꺼리를 하는 공노비야. 이몽룡의 아버지가 나라에 소속된 관리인 고을 사또이니, 사또의 자제인 이몽룡을 모시는 방자 역시 관청에 딸린 남자 종인 거지.

여기서 문제! 그럼 여자 주인공인 춘향이는 신분이 뭘까? 참고로 춘향이 어머니는 관아에 소속된 기생이었어. 딩동댕! 춘향이 역시 공노비의 딸이니까 공노비지.

자, 어렵고 힘든 환경 속에서도 관청의 일을 도맡아 한 공노비들의 얘기를 듣고 나니까 어때? 두뇌 집단으로서 나라를 이끌어 간 양반, 농사를 지어 나라를 지탱한 상민에 비해서 덜 중요할까, 아니면 더 중요할까? 아직까진 조금 아리송하단 말이야.

하루 세 끼는 먹어야 양반이지

양반과 상민, 노비는 의식주에서도 많은 차이가 났어. 서로 어떻게 달랐을까?

일단 양반은 한눈에 봐도 지체 높다는 걸 알 수 있는 차림새를 했어. 옥색 비단으로 만든 도포에 챙이 넓은 갓을 쓰고, 허리띠를 두르고, 검은 가죽신을 신었지. 여기서 특이한 건 많은 양반들이 귀고리를 했다는 점! 조선 중기에는 양반들이 너도나도 귀고리를 하는 바람에 임금이 귀걸이 금지령까지 내릴 정도였다나? 아무튼 양반들은 이렇듯 고급지게 차려입었어.

양반가 부인네들은 또 어떻고? 컬러풀한 비단 저고리와 치마, 그중에서도 가장 인상적인 건 풍성한 헤어스타일이지. 머리에 '가체'라 불리는 가발을 얹었는데, 지체 높은 양반댁 마님이라면 높다란 가체를 얹어야 유행에 뒤떨어지지 않는다고 할 수 있었다나?

문제는 가체가 너무 비쌌다는 것, 그리고 무게 역시 어마어마했다는 점이지. 가격이 집 팔고 땅 팔아야 살 수 있을 정도로 비쌌다고 해. 무게가 어느 정도였냐고? 조선 후기 한 실학자가 '가체를 얹고 있던 어린 신부가 갑자기 시아버지가 방으로 들어오자 예를 갖춰 일어나려 했는데, 그만 가체의 무게를 이기지 못하고 목이 부러져 죽었다.'고 기록할 정도였어. 그래서 영조와 정조는 가체 금지령을 내렸지.

반면에 양반을 제외한 상민이나 노비는 옷감의 종류나 양, 색깔, 옷의 크기 등에 제한이 있었어. 그러다 보니 지금 우리 눈으로 보면 다들 비슷비슷한 차림새였지. 간혹 도포를 입고 갓을 쓴 중인들이 양반과 얼추 비슷해 보이기도 했지만, 나머지는 소박하고 소탈함 그 자체였어. 삼베로 만든 저고리에 정강이가 드러나는 잠방이, 발에는 짚신을 신고……. 마당 쓸고, 장작 패고, 물 긷고, 농사짓는 데 최적화된 패션이라고 할까?

물론 상민이나 노비도 잔치가 있거나 차려입어야 할 때에는 깨끗한 창옷을 꺼내 입고 패랭이를 썼어. 상투 튼 채로 그냥 나다니느냐, 아니면 머리에 삿갓이나 패랭이를 썼느냐에 따라 부유함의 차이를 알 수 있었다나?

뭐, 양반도 돈 있는 양반과 쪼들리는 양반은 복색에서 알 수 있듯이, 자세히 살피면 평민이나 노비도 옷감이나 장신구같이 세세한 부분에서는 빈부의 차이가 은근히 드러났을 테지.

하루 두 끼는 기본, 질보다는 양!

조선 사람들은 밥을 많이 먹었어. 얼마나 많이 먹었냐고? 우리가 먹는 것보다 세 배 이상! 어린아이조차 요즘 성인보다 많이 먹었다고 해. 그래서 구한말에 조선을 찾은 외국인들이 놀라서 조선을 '대식국'이라 불렀다나? 지금 해외에서 우리나라 '먹방'이 유행한다고 하니, 아무튼 우리 민족은 먹는 거에 장기(?)가 있다고 할 수 있겠네.

아무튼 흰 쌀로 지은 밥에 고깃국 먹는 걸 삶의 낙으로 여겼을 만큼, 우리 조상에게 밥은 무지무지 중요했어. 부자 양반들은 쌀밥을 챙겨 먹는 게 그리 어렵지 않았겠지. 자기 논에서 수확하고, 외거 노비들이 신공 바치고, 나라에서 주는 녹봉을 쌀로 받으니까.

하지만 농사를 짓는 상민이나 노비들은 그런 여유를 부릴 수 없었어. 특히 주인집에서 멀리 떨어져 사는 외거 노비들은 수확한 곡물 가운데 많은 부분을 신공으로 바쳐야 했지. 그래서 봄이 올 즈음엔 쌀이 떨어지는 경우가 많았어. 어쩔 수 없이 보리를 수확할 때까지 배고픔에 시달릴 수밖에. 여기서 '보릿고개'란 말이 나왔다지?

이런 상황이다 보니 양반들이 5첩 반상이다, 7첩 반상이다 해서 여러 가지 반찬을 차려 먹은 반면, 상민과 노비들은 밥과 국에 한두 가

지 반찬으로 차린 따뜻한 한 끼를 실컷 먹을 수만 있으면 만족스러워했어.

아, 그렇다고 모든 양반들이 상다리가 휘도록 음식을 차려 먹은 건 아니야. 가난한 양반은 일반 평민과 다를 바 없는 식사를 했고, 다소 여유가 있는 집안이라도 검소한 식생활을 선비의 자세로 여기는 양반들은 소박한 밥상을 차리곤 했지.

그래도 좀 산다는 양반들은 늘 손님을 치러야 했기 때문에 봄이면 장 담그고, 초여름이면 젓갈 담그고, 겨울이면 사냥해 온 노루나 사슴을 말려서 포 만들고, 가끔씩 돼지를 잡아 상을 차리곤 했어. 소금물을 부어 만든 김치인 딤채도 빠질 수 없는 반찬이었지.

그럼 하루에 이렇게 몇 끼를 먹었을까? 지금과 달리, 조선 시대에는 아침과 저녁 두 끼 식사가 기본이었어. 하지만 관청에서 근무하는 양반들은 아침 일찍 출근하기 때문에 아침밥을 먹기 전에 죽을 먹고, 또 끼니 사이사이에 간단한 음식을 먹었지. 이를 '점심'이라고 불렀어. 점심이란 수도승이 명상을 하다가 시장기가 돌 때, 마음에 점을 찍듯 아주 조금씩 먹는 음식에서 유래한 말이야.

하지만 농사를 짓는 농민과 노비들은 평소에 점심 먹을 생각을 할 수 없었지. 그나마 농사를 짓는 봄부터 가을까지는 점심을 챙겨 먹었다고 해. 기록에 따르면, 양반가에서 농사를 짓는 남자 종의 경우 일 년에 여섯 달은 두 끼를 먹이고, 나머지 여섯 달은 세 끼를 먹였다나.

왜? 밥 많이 먹고 열심히 농사일하라고.

잘살아 봤자 초가삼간이라고?

향촌, 그러니까 시골 마을에 자리 잡고 사는 양반들은 관아가 있는 읍성 안에 집을 짓지 않고 읍성 밖에 집을 짓고 살았어. 산을 등지고 물을 바라보는 곳에 말이야. 집 주변에는 너른 논과 밭이 있었고, 그 논밭에서 양반 집에 속한 노비들이 농사를 지었지.

양반가를 한번 들어가 볼까? 높은 솟을대문을 열고 들어가면 담장과 맞붙어 행랑이 죽 늘어서 있어. 행랑은 노비들의 주거 공간이야. 양반이 부르면 언제든지 달려올 수 있도록 가까운 데 머물러야 하니까. 이렇게 좌우로 줄지어 지은 행랑을 '줄행랑'이라고 불렀어. 줄행랑이라는 말에는 길게 늘어선 행랑을 스치듯 재빠르게 줄달음질친다는 뜻도 있어서, 지금은 도망간다는 표현으로 많이들 쓰고 있지.

담 밖에는 담살이 노비들이 사는 단칸방 초가집이 있어. 담살이가 뭐냐고? 주인집 담 옆에 붙어사는 노비를 부르는 말이야. 모든 노비가 주인집 안에서 살기에는 공간이 부족하니까, 담 밖에 살면서 주인집 일을 하는 거지.

신분제 사회인 조선에서는 신분에 따라 정해진 것만 해야 했어. 상민이나 천민이 화려한 비단옷을 입는다든지, 커다란 가마를 탄다든지 하면 큰 벌을 받았지.

집도 마찬가지였어. 신분에 따라 집의 크기가 정해져 있었거든. 옛날에는 기둥과 기둥 사이를 '한 칸'이라고 정하고 그 칸을 건물의 단위로 썼어. 이 집은 열 칸 집, 저 집은 스무 칸 집, 이렇게 따졌지. 그러니까 조선 시대에는 신분에 따라 집의 칸 수에 제한이 있었던 거야. 왕의 친인척은 육십 칸, 관직에 오른 양반은 삼사십 칸, 그 외에는 열 칸을 넘을 수 없었다나? 아니, 지금 기준으로 볼 때 열 칸짜리 집만 해도 엄청 큰 거 아니냐고?

글쎄……. 보통 상민들은 '초가삼간'에서 살았어. 풀이하자면 '세 칸짜리 초가집'이라는 뜻이야. 이렇게 대부분 세 칸짜리 집에 살긴 했지만, 아무리 농사를 잘 지어서 부자가 되더라도 상민들은 열 칸 이상이 되는 큰 집에서 살 순 없었단 얘기지.

물론 예외는 있는 법! 제11대 임금인 중종 시절, 백 칸 이상 되는 집에서 떵떵대며 사는 양반이 많다는 소문을 듣고 조사를 해 보니, 한양에서만 법을 어긴 집이 삼백여 채 가까이 되었다나?

그렇다고 모든 양반이 고래등 같은 기와집에 산 건 아니었어. 검약과 검소를 최고의 덕목으로 여기는 유교 사회였던 만큼, 작은 방, 큰 방, 부엌 하나로 이루어진 상민들의 초가삼간을 이상적인 삶의 공간으로 여기는 양반들도 많았거든. 그런 양반들은 입는 것, 먹는 것도 상민이나 노비와 다를 바 없이 검소했을 테지.

선비 정신을 상징하는 글자, 청(淸)

조선 시대 지배 계층은 유교의 가르침을 공부한 선비들이었다. 그러니 양반들이 비록 벼슬에 나아간 사람들이지만, 기본적으로는 선비라고 할 수 있다. 선비들이 가져야 할 마음가짐은 보통 두 임금을 섬기지 않는다는 충(忠)과 의로운 일을 한다는 의(義)로 상징되지만, 이외에도 청렴하고 검소한 삶의 방식을 진정한 선비의 자세로 보았다.

이를 상징하는 글자가 바로 '맑다'는 뜻을 가진 '청(淸)'이다. 그래서 양반이라면 모두가 한 번쯤 발을 담그고 싶어 하는 홍문관 등의 벼슬을 '청요직'이라 하고, 백성을 위해 몸소 절약하고 검소한 생활을 하는 관리를 '청백리'라고 불렀다. 청렴을 추구하는 선비들은 초가삼간을 짓고 나물 한 가지 반찬으로 밥을 먹으며 책을 읽는 질박한 생활을 하기도 했다. 조선 시대를 관통하는 선비 정신은 비록 명분에 집착했다는 단점도 있지만, 나라의 기강을 세우는 '겸손'과 '염치'의 표본으로서 일반 백성들에게까지 큰 영향을 끼쳤다.

신분에 따라 다른 여가 생활

"알파봇, 바둑 두는 게 그렇게 좋아?"

"그러믄요, 인공 지능이라면 당연한 일 아니겠습니까요?"

"바둑 얘기 꺼냈다고 좋아하긴. 그럼 너도 잘 두는 편이겠네?"

"그러믄입쇼, 저보다 두 수 떨어지는 알파고도 유명 바둑 기사랑 붙어서 5판 4승이나 했걸랑요. 그러니 제 실력이야, 뭐⋯⋯. 후훗!"

"잘됐네. 그럼 조선에 출장 좀 다녀와."

"방금 전에 극한 직업 체험, 〈노비의 하루〉 경험하고 왔는뎁쇼. 그새 또 깜빡하셨나 봅니다요?"

"그랬지? 그러니까 이번엔 놀러 간다 생각하고 양반들이 바둑 두는 거 구경이나 하다 와. 내가 여기서 생중계할 테니까."

"일하러 가는 게 아니라굽쇼? 저야 좋지요. 그러고말고요."

"하이고, 너 이번에는 양반들이랑 어울려야 되는데 말투가 그게 뭐냐? 정말 잘할 수 있겠어?"

"하도 왔다 갔다 했더니 오류가 났나 봅니다요. 아니, 오류가 났나 보오……. 에이, 모르겠다!"

열심히 일한 양반, 즐겨라!

하, 녀석. 줄행랑치는 덴 쫓기는 노비 저리 가라라니까. 벌써 조선 시대로 가 있네. 흠흠, 그럼 지금부터 알파봇의 〈체험! 조선 시대 여가 생활〉을 생중계해 드리겠습니다. 말씀드리는 순간, 알파봇이 경북 안동의 어느 양반댁 솟을대문 앞에 당도합니다.

"이리 오너라. 한양으로 과거 시험 보러 가는 도령인데, 잠시 쉬어 갈 수 있겠냐고 여쭈어라."

어쭈? 노비들이 쓰는 말에 맛 들였던 알파봇 녀석, 오류를 고쳤는지 제법 양반 티를 내네요. 알파봇이 손님맞이를 담당하는 노비의 안내를 받아 사랑채로 직진합니다. 사랑채 마루에서는 이미 선비들이 바둑을 두고 있군요.

바둑은 중국에서 우리나라로 건너온 오락으로 알려져 있습니다. 중국 역사책인 《후한서》와 《구당서》에 백제와 고구려 사람이 바둑을 잘 둔다고 나와 있을 정도로, 아주 오래전부터 우리나라 사람들에겐 친숙한 놀이죠.

"제가 바둑을 좀 둡니다만⋯⋯."

다짜고짜 바둑판 앞에 털썩 주저앉은 알파봇, 바둑을 시작하자마자 나이 지긋한 선비의 허점을 마구 파고듭니다. 아니, 어르신을 공경해도 모자랄 판인 조선 시대에 노인을 공격하다니! 결국 알파봇의 무차별 공격에 정신을 못 차린 선비가 돌을 던지네요. 알파봇 압승!

구경하던 선비들의 눈이 휘둥그레집니다. 갑자기 다른 선비 한 명이 장기판을 꺼내 알파봇 앞에 내놓습니다. 수천 년 전 인도의 승려들이 수행하는 중에 잠깐씩 여가로 즐기기 시작했다는 장기 역시, 중국을 거쳐 우리나라에 전해진 것으로 알려져 있습니다.

과연 알파봇이 장기도 이길 수 있을까요? 알파봇과 장기를 두던 선비가 목소리를 높여 장군을 부릅니다.

"장이요!"

"멍 박사⋯⋯, 아니 멍이요!"

뭐라고? 녀석, 지금 날 놀리는 거야?

말씀드리는 순간, 알파봇이 차(車)로 우측을 공격하는 척하다가 좌측에서 포(包)로 장군을 부릅니다. 외통수네? 게임 끝!

역시 내로라하는 수재인 양반들도 인공 지능 알파봇에겐 못 당합니다. 우쭐해진 알파봇, 자기가 바다 건너 먼 나라에서 신동 소릴 들었다는 등 허튼소리를 마구 지껄입니다.

활쏘기와 뱃놀이를 즐기는 양반

문이 열려 있어 살짝 들여다보이는 사랑방에서는 멋지게 난을 치는 양반의 모습이 보입니다. 매화·난초·국화·대나무의 사군자는 군자의 고결한 풍모를 닮았다 하여 조선 양반들이 즐겨 그리는 소재입니다. 이런 그림을 '문인화'라고 부르지요.

잠시 그림에 취해 있는 사이, 바둑과 장기에 연거푸 패한 양반들이 뭔가를 주섬주섬 꺼내 어깨에 멥니다. 아니, 어르신에게 버르장머리 없이 군 알파봇한테 화풀이라도 하려는 걸까요?

자세히 보니 어깨에 화살을 넣은 전통을 둘러멘 양반들이 알파봇을 데리고 뒤뜰로 향합니다. 아, 활쏘기를 하려는 모양이군요. 활쏘기 또

양반의 취미 또는 의무, 문인화

조선 시대 양반들은 그림 그리는 걸 천하게 여겼다. 그래서 조정에도 그림 그리는 부서인 도화서가 있었지만, 도화서에 소속되어 그림을 그리는 화원들은 잡직으로 분류되어 높은 관직에 오르지 못했다. 이런 사회 분위기 속에서 양반들의 가장 중요한 취미 생활 중 하나가 '그림 그리기'였다는 점은 다소 의아하게 여겨지기도 한다.

양반들이 취미로 그리는 그림을 '문인화'라고 부르는데, 실은 선비들이 마음을 수련하는 방법 중의 하나였다. 주로 산수화나 사군자(매화, 난초, 국화, 대나무 등 고결한 인품을 상징하는 네 가지 식물)를 소재로 삼았는데, 직접 그리는 것뿐만 아니라 다른 사람이 그림 걸작을 모여서 감상하는 것도 꽤나 유행하던 취미 생활이었다고 한다. 중국이나 조선의 유명 화가 그림을 사랑채에 걸어 놓기 위해 천금도 아끼지 않았다고 하니, 꽤나 사치스러운 취미였다고나 할까? 조선 시대 대표적인 문인화 작가로 강희안, 강세황, 김정희 등을 꼽는다.

한 양반들이 즐기는 여가 중의 하나입니다. 과연 우리의 알파봇이 활쏘기마저 평정할 수 있을까요?

안타깝게도 다섯 발인 한 순을 다 쏘고도 한 발도 명중시키지 못합니다. 아무리 알파봇이 인공 지능이라 해도 처음 하는 경기에 익숙해지려면 시간이 필요한 듯합니다. 알파봇 뒤에서 집주인으로 보이는 양반이 활 잡는 법을 가르쳐 줍니다. 활쏘기로 단련된 조선 양반의 위엄이 물씬 풍깁니다.

활쏘기를 끝낸 양반들이 알파봇을 데리고 또 어디로 가고 있네요. 활쏘기를 가르쳐 주던 양반이 알파봇에게 며칠 더 묵었다 가라며 권유하고 있습니다. 아마도 바둑의 결정적인 묘수를 몇 가지 배워 친구들 앞에서 위세를 부리고 싶은 모양입니다. 하지만 알파봇한테 바둑을 전수받으려면 코딩부터 배워야 할 텐데…….

멀리 하회 마을이 보이고 강 한가운데 배 한 척이 떠 있습니다. 알파봇도 어느새 배에 올라타서 양반 아재들이랑 웃고 떠들며 어울리고 있습니다. 배를 타고 경치를 즐기는 뱃놀이도 양반들이 즐기는 대표적인 여가 가운데 하나입니다.

낙동강 지류인 하회 마을의 뱃놀이와 평양의 대동강에서 즐기는 뱃놀이가 무척 유명하다고 합니다. 기생들이 연주하는 가야금 소리에 맞춰 즉흥시를 짓는 양반들의 얼굴에 웃음꽃이 가시지 않습니다. 노비 체험 땐 안 그러더니, 양반 체험에서는 알파봇의 얼굴에서도 웃음이 떠나지 않네요. 설마 고장이 난 건 아니겠지?

"알파봇, 이제 그만하고 돌아와. 알파봇!"

아니, 뱃놀이에 정신이 팔렸는지 아무 소리도 들리지 않는 모양이
네요. 쯧쯧쯧.

씨름과 이야기꾼, 남사당패가 어우러진 놀이 한마당

알파봇은 양반들이랑 놀게 두고 카메라를 씨름 경기가 펼쳐지고 있
는 강변 백사장으로 돌려 보겠습니다. 씨름은 주로 5월 단오에 열리
는 행사입니다. 상민들뿐 아니라 노비들까지 즐기는 놀이지요. 누가
이기는가를 두고 내기도 성행합니다.

어이쿠, 말씀드리는 순간 덩치가 땅딸막한 노비가 자기보다 머리
두 개는 더 큰 사내를 들배지기로 넘어뜨립니다. 씨름판의 열기가 강

변 모래사장을 뜨겁게 달굽니다. 환호하는 관중들!

한쪽에서는 이야기꾼이 사람들을 모아 놓고 한창 열을 내고 있습니다. 하루 만에 숙주나물이 쉬어 버렸단 얘기를 맛깔스럽게 풀어내자 구경꾼들이 웃음을 터트립니다.

아! 제7대 세조 임금 시절, 끝까지 단종에 대한 의리를 지키다 죽어 간 사육신과 눈치 빠르게 모시던 왕을 갈아타고 호의호식한 신숙주에 대한 이야기를 하고 있는 모양입니다. 놀러 나온 상민들, 지나가던 노비들, 아이 어른 할 것 없이 모두 모여 이야기에 귀를 기울입니다.

저 멀리서 요란한 풍악이 울립니다. 곧이어 남사당패가 들이닥칩니

사육신 vs. 숙주나물

조선 초인 1453년, 제6대 임금 단종의 숙부인 수양대군이 난을 일으켜 정권을 장악한다. 수양대군은 2년 뒤에 단종을 폐하고 스스로 왕위에 오르는데, 바로 제7대 임금인 세조이다. 하지만 모든 신하들이 이를 찬성한 건 아니었다. 단종의 할아버지 세종이 발탁하고, 아버지인 문종이 아끼던 집현전 학사들은 세조를 제거할 계획을 세웠다가 발각되었다. 단종을 복위시키려던 대표적인 인물인 성삼문, 박팽년, 하위지, 이개, 유성원, 유응부 등 6명이 사건에 연루되어 처형되는데, 이들을 죽어서 의리를 지킨 신하라는 의미로 '사육신'이라 부른다.

반면에 세종-문종-단종 세 임금의 총애를 받았으면서도, 세조가 정권을 잡자 이번에는 세조의 총애를 받으며 출세 가도를 달린 신숙주는 변절자의 대표 격인 이미지를 얻게 되었다. 이미 고려 시대에 한반도로 전해진 숙주나물에 '숙주나물'이라는 이름이 붙은 것도 이때부터라고 한다. 잘 쉬는 통에 변절자의 의미를 담았다고도 하고, 주로 짓이겨서 만두소로 넣는 나물이라 백성들이 신숙주를 미워하여 짓이겨진 나물에 그의 이름을 붙였다는 설도 전해진다.

다! 주로 장이 서거나 큰 행사가 있는 곳에 나타나 공연을 하는데, 오늘은 마을에서 초청을 한 모양입니다. 춤을 추는 사람, 물구나무선 채로 걸어오는 사람, 장대에 매달려 온갖 기예를 뽐내는 사람 등등 남사당들이 부리는 재주에 마을 사람들의 넋이 나갑니다.

짚신 삼고 새끼 꼬는 게 여가라고?

양반들이 시 짓고, 사군자 그리고, 바둑 두고, 활 쏘고, 뱃놀이하며 여가를 즐기는 반면, 상민과 노비들은 매일같이 여가를 즐기기가 쉽지 않습니다. 일하느라 항상 바쁘거니와, 설이나 단오, 추석 같은 명절이나 마을의 큰 잔치가 열릴 때만 맘 놓고 즐길 수 있으니까요.

사실 사시사철 농사짓느라 신경을 곤두세우고 일하는 상민, 주로 몸을 쓰는 일을 맡은 노비들이 휴식과 여가를 더 즐겨야 할 것 같은데 말이죠.

사실 상민이나 노비들은 긴긴 겨울 동안 새끼 꼬고 짚신 삼는 걸로 여가를 보내곤 합니다. 이게 무슨 여가냐고요? 재물이 넉넉한 양반이나 중인들이야 생활용품을 사서 쓰면 되지만, 그렇지 못한 일반 백성들은 대부분의 물건을 스스로 만들어서 써야 하니까 어쩔 수 없습니다. 부지런히 만들어서 남는 짚신을 장이 서는 날 나가서 팔면 제법 짭짤한 수입이 되기도 하니까요.

여자들도 마찬가지입니다. 낮에는 집안일하고, 밤에는 길쌈하느라 여가는커녕 다 같이 모여앉아 수다를 떨 시간도 부족합니다. 그래서 주로 빨래하는 냇가에 모여서 사교 활동을 하지요. 여기서 정보(?)를 얻는 건 덤이고요. 그래도 명절이 되면 그네도 타고, 널뛰기도 하고, 공기놀이나 쎌 뜨기 같은 놀이를 하면서 한숨 돌립니다.

이야기를 하는 사이, 강 한가운데 떠 있는 배 위에서 양반 놀이에 도끼 자루 썩는 줄 모르는 알파봇의 모습이 언뜻언뜻 보입니다. 이 녀석, 돌아오기만 해 봐라.

이상으로 조선 시대 신분에 따른 여가 생활 생중계를 모두 마치겠습니다! 지금까지 알파봇 없는 멍 박사였습니다.

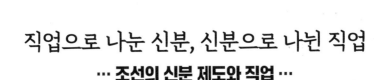

직업으로 나눈 신분, 신분으로 나뉜 직업
··· 조선의 신분 제도와 직업 ···

조선에는 노비 못지않게 서러운 사람들이 있었다. 그들이 누굴까? 아버지를 아버지라 부르지 못하고, 형을 형이라 부르지 못한 홍길동과 같은 사람들이다!

공식적으로 홍길동의 신분은 '서얼'이다. 서얼은 본부인이 아닌 여자에게서 태어난 자식을 말하는데, 양반 남자와 상민 여자 사이에 난 자식인 '서자', 양반 남자와 천인 여자 사이에 난 자식인 '얼자'를 합쳐서 서얼이라고 부른다. 홍길동은 주인집 대감인 홍 판서와 여자 종 사이에서 났으니, 바로 얼자인 셈이다.

1978년 향문사에서 펴낸 허균의 《홍길동전》 표지. 허균 덕에 서얼의 대명사 격이 된 홍길동 이야기는 지금까지도 영화와 만화 등 다양한 콘텐츠로 활용되고 있다. ©국립 민속 박물관

그런데 서얼이 왜 노비 못지않게 서럽냐고? 서얼은 아무리 똑똑해도 과거 시험의 꽃인 문과에 응시할 수 없었다. 요행히 관직에 나가더라도 요직에는 임명되지 못했고, 올라갈 수 있는 품계에도 한계가 있었다. 줬다 뺏는 게 더 나쁘다고, 손에 잡힐 듯 잡히지 않으

조선 후기 네 가지 신분과 대표 직업

양반	중인	상민(평민)	천민
문관	의관 역관 등 전문 기술직	농민	노비, 승려 백정, 광대 등 여덟 가지 직업
무관		수공업자	
유생	하급 관리	상인	

니 서러움의 대명사가 되었으리라.

양반들이 이렇게 서얼을 차별한 이유는 자기들이 누리는 특혜와 권리를 굳건히 만들기 위해서였다. 서얼들이 교육도 양반 못지않게 받으면서 머릿수도 제법 많다 보니, 몇 개 되지 않는 관직을 놓고 싸우게 되면 자기들 밥그릇을 뺏길 수 있다는 위기감을 느꼈다고나 할까?

아무튼 차별 때문에 서얼들은 무과나 잡과 시험을 봐서 군인이 되거나 전문직 기술 관리로 진출하는 경우가 많았다. 그렇게 시간이 흐르면서 서얼들은 중인 신분으로 자리 잡아 갔다. 양인 중에서 양반이 최상위 신분으로, 서얼이 중인 신분으로 점차 굳어지게 된 것이다.

양인과 천인으로 나누었던 조선의 신분 제도가 점차 양반, 중인, 상민, 천민의 네 가지 신분으로 나뉘게 된 것도 이와 깊은 관련이 있다.

네 가지 신분으로 나뉘면서, 신분에 따른 직업도 거의 굳어지게 된다. 간혹 전쟁 등을 통해 큰 공을 세운 천민이 무관이 되기도 하고, 기술을 지닌 중인이 양반이 되기도 했지만 어디까지나 '특별 케이스'에 불과했다.

그러다 보니 양반 대접을 못 받는 서얼들은 불만이 쌓일 수밖에 없었고,

신분 차별 철폐를 위해 싸우게 된다. 결국 정조 때 서얼 차별이 철폐되고 학식이 뛰어난 박제가, 이덕무, 유득공 등 서얼 출신이 규장각 검서관으로 임명되었으니, 드디어 서얼들에게 볕 들 날이 왔다고나 할까?

평범하지만 평범하지 않은 신량역천

양반과 중인들은 벼슬살이를 할 수 있고, 공노비들은 관청에 소속되어 일을 한다. 세 신분은 자의든 타의든 나랏일을 할 수 있었던 셈이다.

그럼 상민들은 녹을 받으며 나랏일을 하는 경우가 없었을까? 상민도 나랏일을 하고 봉급을 받는 경우가 있었다! 물론 직업적으로 특별한 부류였다. 봉화를 지키는 봉수군, 나라 소속의 배를 모는 뱃사람인 조졸, 소금을 만드는 염간 등, 나라를 유지하는 데 꼭 필요한 일을 맡은 직업이었다. 비상사태를 알리는 봉수가 마비되거나, 나라에 소금이 없으면 당장 큰일이 날 테니 말이다.

그런데 위에 나열한 직업은 너무 힘들다 보니 먼저 나서서 하려는 사람이 아무도 없었다. 결국 죄를 지어 벌을 받아야 하는 사람 등에게 억지로 시키게 되었다. 그래서 이들은 법적으로는 상민이지만 일이 너무 고되다 보니 천민 취급을 받았다고 한다. 힘든 일을 한다고 천하게 여기다니, 지금 우리 기준으로는 알쏭달쏭하기만 하다.

아무튼 이를 조금 어려운 말로 '신량역천'이라고 부른다. 양반과 상민 사이에 중인이 있었다면, 상민과 천민 사이에 신량역천이 있었다고나 할까? 물론 생기게 된 과정이나 맡은 일은 전혀 달랐지만 말이다.

천한 일을 도맡은 조선의 '8천'

그렇다면 가장 하층민에 해당하는 천민들이 가질 수 있었던 직업에는 어떤 게 있을까? 조선 시대에는 노비를 포함해서 여덟 가지 천대받는 직업을 가진 사람들을 '8천'이라고 불렀다. 노비, 광대, 기생, 백정, 공장, 무당, 승려, 상여꾼이 바로 비운의 직업이었다.

'광대'는 가면극, 인형극을 하고 줄타기 등을 공연해서 먹고사는 사람이다. 광대는 상민들도 꺼려해서 따로 마을을 이루고 살 정도였단다. '기생'은 시와 노래 등 뛰어난 예술적 재능을 지니고 있었지만 술자리에 나가야 했기에 양반들의 노리개 취급을 받았다. '백정'은 소나 돼지를 잡는 사람들을 말한다. 이들은 유난히 천대받아서, 좋은 옷을 입을 수 없고 죽어도 상여가 아닌 가마니에 실려 나가야 했다.

'공장'은 그릇이나 종이 등의 물건을 만드는 전문 기술자를, '무당'은 굿하는 사람을, '상여꾼'은 상여를 메고 묘 자리까지 옮기는 사람을 말한다. 여기서 의외의 직업 중 하나가 '승려'이다. 조선이 유교 국가였기에 굉장히 천대를 받았다고 할까? 시체 묻는 일을 하는 승려를 제외하면, 이들은 한양에서 사는 것조차 허락되지 않았다.

이렇게 천민들은 날 때부터 직업이 정해져 있었다. 반대로, 아무리 가면극에 재주가 있어도 천민이 아니면 하고 싶어도 할 수가 없었다. 우리가 흔히 쓰는 '직업에는 귀천이 없다'는 말은 통하지 않는 셈이다.

현대에는 다양한 직업이 있다. 그리고 노력하면 자신이 원하는 직업을 얻을 수 있다. 그런데 만약 아무리 애를 써도 할 수 없는 직업이 있다면? 아마도 홍길동의 억울한 마음에 100퍼센트 공감하게 되지 않을까?

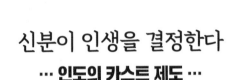

신분이 인생을 결정한다

··· 인도의 카스트 제도 ···

근대를 거쳐 현대로 접어들면서 세계 곳곳에서 신분제가 폐지되었고, 신분제가 있어도 상징적으로만 남겨 놓은 경우가 대부분이다. 따라서 이제는 재능이나 자본, 또는 노력이 개개인의 진로와 직업을 좌우한다. 예전처럼 신분이 결적정인 역할을 하던 시대는 지나갔다고 볼 수 있겠다.

그런데 아직도 대대로 신분이 나뉘어 자식에게 세습되고, 또 신분에 따라 사회적인 제약을 받는 곳이 있다! 어쩌면 뉴스에서 한 번쯤 들어 보았을지도 모르겠다. 바로 인도의 '카스트 제도'이다.

힌두교의 가르침에서 비롯된 신분제인 인도의 카스트 제도는 총 네 개의 계급으로 구분된다. 최상층 계급인 사제·승려를 가리키는 '브라만', 귀족 또는 무사 계급인 '크샤트리아', 농민이나 상인, 또는 연예인으로 종사하는 '바이샤', 수공업이나 청소, 하인 등의 직업을 갖는 최하층인 '수드라'이다. 현재는 많이 약화되었지만, 아직도 배우자를 선택할 때나 직업을 고를 때 종종 제약을 받기도 한단다.

그런데 현재 인도에서는 수드라보다 더 낮은 신분인 '달리트(불가촉천민)'가 사회 문제로 떠오르고 있다. 조선 시대 천민인 8천과 비슷한 달리트는 가죽 가공, 도기 제조, 오물 수거, 시체 처리 등 사람들이 기피하는 직업에 종사하는 사람들이다. 이들에 대한 차별이 얼마나 심하냐 하면, 인도의 다른 계급 사람들은 달리트와 스치기만 해도 자신들이 오염된다고 생각한다나. 그래서 정해진 시간 외에는 마을에 들어오지 못하게 하고, 길을 다닐 때에는 나뭇가지를 매달고 다니며 발자국을 지우게 할 정도라고 한다.

이들은 오늘날까지도 다른 계급과 따로 살아야 하고, 같은 학교에도 다니지 못한다. 심지어 돈을 내고 사 먹는 찻집에서조차 달리트들만 쓰는 컵이 따로 있고, 사용한 컵은 직접 씻어야 한다. 공중화장실을 사용하지 못하게 막아 참다 못해 길거리에 실례(?)를 한 달리트 소년이 더럽다는 이유로 채찍질을 당해 죽는 안타까운 사건까지 발생했다. 백여 년 전도 아닌, 전 세계가 인터넷으로 연결된 2019년에 말이다.

인도에서는 이미 1955년에 달리트 차별 금지법이 통과되었지만, 지금까지 제대로 지켜지지 않고 있다. 이런 차별은 오늘날 심각한 인권 침해를 낳고, 계급 간 갈등을 초래해 인도의 발전에 큰 장애가 되고 있다.

최상위 신분인 브라만(위)과 세 번째 계급인 바이샤(아래) 부부. 처음 카스트 제도는 직업을 구분하는 정도였지만, 시간이 흐르면서 점차 신분에 따라 차별하는 제도로 변질되었다고 한다. ⓒWellcome Collection

양반의 애환, 유배와 시묘살이

누가 봐도 조선은 널리 양반을 이롭게 하는 나라였어. 양반들은 자기들에게 유리하게 만들어진 법의 보호 아래서 온갖 특혜를 누리며 살았지. 생각보다 훨씬 더 철저한 신분제 사회였다고나 할까?

그러다 보니 양반이 상민과 노비로부터 받는 대우도 굉장했어. 평민들은 길을 가다 신분 높은 양반을 만나면 길가에 비켜서서 코가 땅에 닿도록 머리를 조아려야 했지. 안 그랬다간 양반 모욕죄로 매질을 당하기 십상이었거든.

어디 그뿐인가? 양반들은 세금도 안 내고 군대도 안 가. 양반은 원래 양인에 속하기 때문에 세금도 내고 군대도 가야만 해. 하지만 자기

들끼리 거세게 밀어붙여서, 결국 자기 토지를 부쳐 먹는 농민들에게 세금을 내도록 만들고 국방의 의무인 군역도 면제받았어. 심지어 이런 특혜는 자식들한테까지 이어졌지.

양반도 견디기 힘든 고통이 있다

하지만 세상을 다 가진 듯이 뵈는 양반에게도 남모를 애환은 있었어. 가장 큰 고통은 '유배'야. 유배는 조선 시대 형벌 중 하나인데, 죄지은 사람이 외딴 지역으로 쫓겨가서 기한 없이 지내는 벌이지. 다른 말로는 '귀양'이라고도 해.

"저놈을 당장 천 리 밖에 있는 섬으로 귀양 보내도록 하라!"

보통 사극에서 임금이 죄를 지은 신하에게 이렇게 호통을 치곤 하지. 응? 죄를 안 지으면 되는 거 아니냐고? 그게 그렇게 간단하지가 않아.

양반이라면 누구나 관직에 나가 임금을 보필하면서 자신의 뜻을 펼치고 싶어 해. 그런데 관직 생활을 하다 보면 죄를 짓지 않아도 '사화'와 같은 정치적인 사건에 왕왕 휘말릴 수가 있거든. 또 스승이나 동료가 죄를 지었을 때 이리저리 얽혀서 함께 벌을 받기도 하지.

그럴 때 유배를 가게 되는 거야. '유배를 가지 않고 관직 생활을 마치는 양반은 무척 드물다.'고 말할 정도로, 관직 생활을 원하는 양반에게 유배는 피하기 어려운 난관 중 하나였어.

어쨌든 죄가 클수록 멀리 유배를 가게 되는데, 험난하기로 유명한 함경도의 삼수갑산, 사람 구경조차 하기 힘든 남해안의 외딴 섬들, 목숨 걸고 바다를 건너야 하는 제주도가 악명 높은 일급 유배지였지.

유배는 원칙적으로 종신형이야. 임금의 마음이 바뀌어 유배를 풀어 주지 않는 한, 죽을 때까지 그 외딴 곳에 갇혀 지내야 해. 유배 생활에도 여러 가지 종류가 있었어. 그중에서 가장 큰 벌은 '위리안치'야. 외딴 유배지에서도 아예 밖으로 나오지 못하게 죄수가 머무는 집을 가시나무 울타리로 둘러싸는 거지. 사람 구경도 못 하게 고립시켜서 더더욱 외롭고 서럽게 만드는 잔인한(?) 방법이라고나 할까?

마법에 걸린 공주도 아닌데, 가시덤불에 둘러싸인 채 집 밖으로 한 발짝도 나오지도 못한다니. 하이고, 양반 팔자야.

유배의 왕, 다산 정약용

유배 하면 가장 먼저 떠오르는 사람이 있어. 바로 다산 정약용이야. 제22대 정조 임금의 총애를 받던 정약용은 정조가 죽은 뒤 반대파들로부터 천주교인이라는 모함을 받아 유배를 가게 돼.

그런데 얼마나 오래 유배 생활을 했기에 '유배왕'이라고까지 불리냐고? 유배 기간이 장장 18년이었어. 18개월, 아니 18시간도 긴데, 18년이라니! 게다가 처음 유배를 갔을 때 마을 사람들이 홀대하는 바람에 어쩔 수 없이 주막에 얹혀살았다나? 그러다 강진에 초당을 짓고

학생들을 가르치며 어렵게 생활을
했다지.

정약용은 유배 기간 동안 책 수백
권을 썼어. 《목민심서》《경세유표》
《흠흠신서》 등 유배지에서 탄생한
불후의 저작들이 셀 수 없을 정도
지. 긴 유배 덕분에 조선 시대를 통
틀어 가장 많은 책을 쓴 최고의 실
학자로 역사에 남았다고나 할까?

비슷한 경우로 제주도에서 유배 생활을 한 추사 김정희가 있어. 문
인화를 즐겨 그리던 김정희 역시 유배 기간 동안 〈세한도〉라는 불후
의 명작을 남겼지. 이런 사례를 보면 유배 자체가 명작이 탄생하는 과
정 같기도 한데……, 달리 생각해 보면 정약용이 오랜 세월 유배 생
활을 하지 않고 정치를 했다면, 아마 백성을 위해 더 큰일을 했을지도
모르는 일이야.

그나마 정약용과 김정희는 유배에서 풀려났으니 운이 좋은 케이스
야. 운이 나쁘면 유배지에서 사약을 먹고 죽을 수도 있거든. 제11대
중종 임금 시절, 개혁 정치를 펼치다 반대파의 모함을 받아 유배를 간
성리학자 조광조가 딱 그런 경우였지. 심지어 이때 약 칠십여 명이 사
약을 받고 죽었다나?

상상해 봐. 18년 만에 임금의 명을 받은 사자가 내 앞에 도착했는

데, 손에 들고 있는 어명이 사면인지 사약인지 모르는 상황이라면 얼마나 무서울까? '사……'라는 말만 듣고 심장마비부터 오는 건 아닌가 몰라. 양반으로 살아가려면 꽤나 강심장이어야 할지도 모르겠네.

시묘살이의 시조, 포은 정몽주

유배 못지않게 양반들에게 고통을 준 건 '시묘살이'야. 시묘살이란, 부모님이 돌아가셨을 때 장례를 치르고 나서 무덤 곁에 여막을 짓고 공양하며 묘를 보살피는 걸 말해. 무덤 곁에 풀이나 짚으로 엮은 여막을 짓고 산다고 해서 '여묘살이'라고도 하지.

양반들은 왜 시묘살이를 했을까? 그것도 삼 년씩이나! 그건 자식이 태어난 지 삼 년이 지나야 비로소 부모의 품에서 벗어나듯, 부모가 돌아가셨을 때에도 삼 년을 모시는 게 도리라고 생각했기 때문이야.

시묘살이를 하는 자식은 부모님이 돌아가신 게 자기 잘못이라 여겨 스스로 고통을 겪으며 참아 냈어. 고기는 일절 입에 대지 않은 채로 거친 밥과 물만 먹으며 아침저녁으로 곡을 했지. 그렇게 제대로 씻지도 못한 채 돌아가신 부모를 깍듯이 받들다 보면, 상복은 너덜너덜해지고 피골은 상접해져서 거의 귀신 소리를 들을 모양새가 되고 말아. 그런데 그 모습이 처참할수록 사람들한테 효자 소리를 들었다나 뭐라나.

말이 삼 년이지, 아버지에 이어 어머니까지 돌아가시면 도합 육 년이잖아. '시묘살이를 하다가 죽었다.'는 말이 그냥 나온 게 아닌 셈이야. 유교를 받들어 효를 목숨처럼 여기는 조선의 양반들은, 꼭 해야 하는 의무 사항이 아닌데도 불구하고 추위와 호랑이의 위협, 배고픔 등을 견디며 삼 년 동안 시묘살이를 했어.

사실 삼 년 시묘살이의 시조는 고려의 충신 정몽주야. 정몽주는 남들이 백 일 동안 시묘살이를 할 때, 삼 년 동안 부모 무덤 곁을 지켰다고 해. 유학자의 대표 격인 정몽주의 시묘살이 이후로, 양반들은 의무처럼 삼 년 동안 시묘살이를 하게 되었지. 속으로는 삼 년 시묘살이를 시작한 정몽주를 욕하는 양반도 더러 있지 않았을까 싶어.

아무튼 시묘살이의 시조인 정몽주는 충신의 대표이면서 동시에 효자의 대명사니까, 충·효 2관왕이라고 할 수 있겠네.

어때? 유배나 시묘살이를 보면 조선에서 양반으로 사는 것도 쉽지만은 않았겠지?

에게, 겨우 두 가지 갖고 하루 종일 힘든 농사일을 하는 상민하고 어찌 비교하겠냐고? 이것 말고도 체면을 중요하게 여기던 양반들은 해야 할 것도 많고, 하지 말아야 할 것도 많았어. 그럼 양반이 지켜야 할 '양반 수칙' 열 가지를 한번 살펴볼까?

시묘왕

흑, 흑!
자꾸 울면 산타가
싫어할 텐데…….

양반이 지켜야 할 절대 수칙, 양반 10계명

1. 자나 깨나 독서, 덮인 책장도 다시 펴라
양반은 독서가 취미이자 직업인 사람들이야. 게다가 관직에 진출하게 되면 매일매일 임금이 내는 시험을 치르게 될 수도 있었지. 그러니 하루라도 책을 읽지 않으면 입 안에 가시가 돋을 만해.

2. 과거에 급제해 가문을 빛내라
양반들의 평생에 걸친 꿈은 과거 급제! 엄청난 경쟁률을 자랑하는 급제의 꿈을 이루기 위해 십 년, 아니 이십 년 넘게 죽어라 공부해야 해. 언제까지? 합격할 때까지.

3. 아무리 굶주려도 가난 타령을 하지 말라
양반은 먹을 게 없어서 쫄쫄 굶는 한이 있어도 배고픈 기색을 보이면 안 돼. 양반 체면이 있지! 냉수로 배를 채워도 이빨 정도는 쑤셔 줘야 진정한 양반 포스가 나온다니까?

4. 아무리 추워도 곁불을 쬐지 말라
아무리 춥다고 해도 곱은 손 녹이겠다고 호들갑 떨며 곁불을 쬐어서는 안 돼. 그런 천한 행동은 아랫것들이나 하는 짓이지. 반대로 무지하게 더워서 발에 땀이 난다 해도 한번 신은 버선을 벗으면 안 되겠지?

5. 손으로 돈을 만지지 말라
돈을 만질 일이 있으면 노비한테 시켜야 해. 로또 당첨되었다고 엽전 다발 던지면서 노는 건 당연히 금지! 돈을 좋아하는 건 양반이나 상민이나 노비나 마찬가지지만, 돈을 직접 만지는 건 양반 체면에 어긋나는 짓이야.

6. 자기 밭의 잡초를 직접 뽑지 말라

양반이 직접 농사일을 한다? 그 무슨 개가 풀 뜯어 먹는 소리! 아무리 자기 집 노비가 일하는 게 느려 터져서 속이 답답해도, 농사일은 노비한테 시켜야만 해.

7. 길 가다 비가 와도 절대 뛰어가지 말라

이번에도 양반 체면 문제야. 비 온다고 바삐 뛰어가기라도 해 봐, 뒤에서 손가락질당할걸? 1급 태풍이 와도 뒷짐 지고 느릿느릿 팔(八)자 걸음으로. 근데 젖은 모습이 더 체면 깎이는 건 아닌가 몰라?

8. 네 이웃의 노비를 탐하지 말라

노비는 양반집 재산 1호! 그러니 근육질에 힘 좋고 일 잘하는 이웃집 돌쇠가 아무리 탐나도 마음대로 데려다 일을 시키면 안 돼. 그랬다간 바로 소송당해서 곤장깨나 맞을걸?

9. 공자 맹자 외 다른 학문을 넘보지 말라

양반은 유학 말고 다른 학문을 넘봐선 안 돼. 유학만큼이나 오래된 불교나 도교에 관심을 갖는 건 어떠냐고? 동료에게 따당하기 일쑤요, 잘못하면 임금 눈 밖에 나서 유배를 갈 수도 있지.

10. 나라가 위태로울 땐 목숨을 바쳐라

혹시 '노블레스 오블리주'라고 들어 봤니? 사회적으로 높은 지위에 있는 사람에게는 위기 상황이 닥쳤을 때 먼저 나서야 할 '도덕적 의무'가 있다는 뜻이야. 조선의 양반들도 마찬가지였지. 그래서 '외적이 침입했다!'는 경보가 울리면 마을 사람들을 모아 의병을 일으키곤 했어. 창고에 쌓아 둔 곡식을 털어 나누어 주는 건 물론이요, 목숨까지 걸고 앞장서면서 말이야. 이런 선비 정신이 오백 년 조선을 유지한 힘이라고 할 수 있겠네.

이리 치이고 저리 치이고, 상민이 봉이냐?

"멍 박사님, 오늘은 제가 조선 시대에 가서 보통 사람들의 삶을 알아보고 올게요."

"뭐? 아니, 네가 웬일이야? 스스로 알아서 하겠다고? 시키는 일만 하는 노비가 아니라고 생색내는 거야?"

"노비라고 생각이 없는 게 아니라고요! 생각을 해서 더 일을 해 봤자 스스로에게 득이 될 게 없으니 그런 거죠. 저한테 잔소리하시려고 노비를 너무 깎아내리는 거 아니에요?"

"맞다, 맞다. 그건 네 말이 맞아. 근데 아무리 생각해도 지금 너한테서는 이상한 냄새가 난단 말이지."

"아무튼 다녀올 테니 기다려 보세요. 너무 꼬치꼬치 캐려고 하지 마시라고요."

　네, 여기는 조선 시대 한양과 가까운 시골 마을입니다. 조선 시대 보통 사람들, 그러니까 상민의 삶은 어떤지 카메라에 담아보도록 하지요. 제가 브이로그를 시작했으니까요, 보시고 유익하고 재미있다 싶으면 '좋아요'와 '구독' 눌러 주시기 바랍니다. 꼭이요!

　보시는 대로 초가집들이 많습니다. 주로 농민이나 상인, 공인 등 상민들이 모여 사는 곳이지요. 저기 좁은 길에 말을 탄 사람이 보입니다. 큰 갓을 쓴 걸 보니 양반입니다. 노비가 말을 잡아끌며 길을 안내하고 있네요. 그런데 길 바깥쪽으로 남자와 여자가 밀려나 엎드려 있습니다. 허름한 옷을 입고 농기구를 든 걸 보니 평범한 농부 부부네요. 곧 양반이 지나가자 농민 부부가 옷을 털며 길로 올라옵니다. 가서 무슨 일인지 들어볼까요?

　"아저씨, 왜 길에 엎드려 있었는지 여쭈어 봐도 될까요? 그리고 아직 동이 트지도 않았는데 어딜 가시는 거예요?"

　"왜냐고? 별 싱거운 녀석 다 보겠네. 양반이 지나가면 상민인 우리가 당연히 비켜서 절을 올려야지. 그리고 농부니까 부지런히 농사일을 하러 가는 거야. 좀 있으면 군역을 져야 하고, 공물에 바칠 버섯도 따러 가야하니까 농사일을 최대한 빨리 끝내야 한다고."

　"그렇게 할 일이 많은데, 괜찮으세요?"

"그게 상민의 도리 아니겠니."

농사꾼 부부는 정말 바쁜지 그대로 총총 가 버리네요. 아무래도 답은 저 스스로 얻어야겠어요.

권리가 있으면 의무도 있는 법

여기는 마을 한가운데 있는 관아입니다. 저기 멀리서 아전이 무언가를 하고 있네요. 가서 알아보겠습니다.

"지금 쌀가마니를 세고 있으시네요. 어디서 난 거예요?"

"올해 세금으로 마을 농민들에게서 거둔 게지. 농사를 지으면 마땅히 세금을 내야 하지 않겠니?"

"농민만 내야 하나요? 양반이나 노비는요?"

아전은 제 질문이 답답했는지 허리를 펴고 꼼꼼히 설명해 줍니다. 세금에는 '조세'와 '공납', '역'이 있다네요. 조세는 농사를 짓거나 장사를 해서 생산물이 생기면 거기에 대해 10분의 1을 떼서 나라에 바치는 거랍니다. 나라의 보호를 받는 대신 나라를 유지하는데 드는 비용을 내는 셈이지요. 그런데 농사나 장사는 상민들만 하기 때문에 조세는 상민만 낸다나요? 과거 시험을 치르거나 관직에 나설 권리가 있는 대신에 내는 거라고는 하지만, 먹고 사느라 바빠 과거 시험은 볼 엄두도 못 낼 텐데……, 좀 억울할 것 같아요.

앗, 저기 쌓여 있는 건 또 뭐죠?

"저건 임금에게 특산물로 바칠 공물이지. 해마다 할당량이 내려와서 꼭 채워야 한단다."

"그럼 마을별로 채워서 바치는 거니까 양반, 상민, 노비 할 것 없이 내야겠네요?"

"그럴 리가! 양반에게 내라고 했다가 그 보복을 어찌 감당하려고. 그리고 노비는 어차피 안 내는 거지. 노비가 내면 집집마다 있는 소나 말한테도 내라고 하게?"

아휴, 결국 공납도 모두 상민의 몫인가 봅니다. 정해진 양을 채우라고 날마다 아전들이 닦달해서 본업인 농사일은 놔두고 특산물을 구하러 다녀야 한다나요? 그런데 말이죠. 제가 누구입니까? 역사 연구소의 연구 로봇 아니겠어요? 17세기 이후로 공물을 내는 법이 바뀌게

쌀로 통일해 백성의 근심을 덜다, 대동법

공납은 상민들을 힘들게 하는 의무 중 하나였다. 그래서 제도를 보완하기 위한 목소리가 끊임없이 들려왔고, 제15대 임금인 광해군 때 경기도에서 우선적으로 공납을 특산물 대신 쌀로 받는 대동법을 실시한다. 대동법은 공납할 물건을 제때 구하지 못해 과도한 지출을 하던 백성들의 부담을 덜기 위해, 공납할 물건의 종류에 관계없이 쌀로 바칠 수 있도록 만든 제도였다.

대동법 하면 빼놓을 수 없는 인물이 바로 잠곡 김육이다. 영의정까지 지냈던 김육은 관리로 재직하는 내내 전국적으로 대동법을 실시하려고 열정적으로 노력했다. 스스로 '나는 입만 열면 대동법 얘기만 한다.'고 고백할 정도였다고 한다. 결국 살아생전인 1651년에 충청도에서 대동법을 실시했고, 그가 죽은 뒤인 1658년에는 전라도에서도 대동법이 실시된다. 상평통보의 유통에도 노력을 기울였던 김육은 경제를 바라보는 관점에서 '실학의 선구자'로 불리기도 한다.

된답니다. 마을별로 내는 게 아니라 땅 가진 사람들에게 가진 만큼 내도록 하는 대동법이 생기는 거지요. 그러니까 상민들에게 조금만 참으라고 전해 주고 싶네요.

나라도 지키고 성 쌓는 것도 상민의 몫

아, 상민이 지는 의무가 또 있어요. 바로 역입니다. 군사의 의무를 지는 건 '군역', 성을 쌓거나 길을 만드는 일 등 나랏일에 노동을 제공하는 건 '부역'입니다. 이걸 모두 상민이 해야 하지요. 이건 또 왜 그러는 것인지 알아보겠습니다.

"아까 만난 농민이 군역을 지러 가기 전에 농사일을 끝내야 한다고 하던데, 바쁜 농부들 대신 한가한 양반을 보내는 건 어떨까요?"

"뭐, 뭐라고? 역이란 나랏일을 하는 거야. 그런데 양반은 이미 나랏일을 열심히 하고 있잖니."

"하기 싫어 죽겠는데 억지로 관직에 앉은 것처럼 말씀하시네요?"

"뭐, 억울하면 과거에 합격하든지. 우리도 중국이나 일본처럼 전쟁이 자주 일어나면 직업 군인을 따로 키우겠지. 그런데 우린 평화로운 나라지 않니. 그러니 백성들이 돌아가면서 훈련을 받다가, 만일에 전쟁이 일어나면 나가서 싸우는 거야."

문제는 상민들만 역을 져야 하고, 16살에 시작해 죽을 때까지 해야 한다는 말은 쏙 빼네요. 물론 백성들이 의무를 지켜야 하는 건 맞아

요. 우리가 사는 현대에도 한 나라의 국민이라면 누구나 세금과 국방의 의무를 져야 하니까요. 하지만 누구는 예외고, 누구는 본업을 접어 두고 의무부터 지켜야 한다는 게 슬프네요. 그런데 이걸 두고 푸념하면 노비들이 당장 자기랑 바꾸자고 할지도 모르겠네요.

이상, 조선 시대 상민의 고충에 대해 속속들이 파헤쳐 본 알파봇이었습니다!

하이고, 요녀석. 웬일로 먼저 가 보겠다고 하더니 다 속셈이 있었던 거로군. '좋아요'를 눌러 달라고? 에잇, '싫어요'나 눌러야겠다!

마소보다 못한 신세, 노비는 억울해

"어라, 이게 누구야? 알파봇, 왜 벌써 왔어? 거기서 브이로그인지 뭐시긴지 더 찍다 오지. 아주 신났던데?"

"박사님도 참. 바삐 돌아다니다 겨우 '좋아요' 눌러 달랬다고 그렇게 구박을 하고 그러서요. 아이고, 억울해. 내가 이러려고……."

"'내가 이러려고' 하지 마! 재미없어. 그리고 뭐가 억울해? 너 정도면 상전이지. 조선 시대 노비들이 얼마나 억울하게 살았는지 알아?"

"쉰네야 잘 모릅죠. 노비랑은 거리가 먼 시절에 태어났으니."

"어휴, 자랑이다. 노비들이 얼마나 고통받고 살았는지 알려 줄게. 이름하여 노비의 네 가지 억울함!"

① 일단 의심하라! : 노비는 잠재적 범죄자

알파봇, 나는 너를 친구이자 없어서는 안 될 동료라고 생각하지만, 조선의 양반들은 노비를 반쯤 범죄자라고 여겼어. 물론 대놓고 그런 건 아니지만 조선의 법전인 《경국대전》의 〈형전〉에 노비에 대한 사항을 상세히 적어 두었지. 〈형전〉은 죄를 지으면 어떤 처벌을 내릴지에 대한 내용을 모아 놓은 부분이야.

다시 말해 노비로 태어났다는 것만으로 잘못을 저지르지 않도록 늘 단속하고 감시해야 하는 대상으로 봤단 말이지. 그러니까 '인공 지능 사용 설명서'에는 널 소중한 동료로 여겨야 한다고 적혀 있는 반면, 《경국대전》에는 노비를 '어떻게 부려먹고, 잘못하면 어떤 벌을 줄 것인가'에 대해서만 잔뜩 적혀 있다는 거야.

어때? 노비로 태어난 것도 억울한데, 범죄를 저지를 범인으로 취급받는다면 말이야. 엄청 서럽겠지?

왠지 죄진 것 같아……

잠시, 아니 항상 검문 있겠습니다!

② 자유가 뭐야? : 혼인, 이직, 이사 금지

알파봇! 넌 놀고 싶으면 어떤 핑계를 대서라도 놀지. 그렇지만 해야

주민증이 없어서 혼인 신고를 못 해요. 흑……

끝단이

노비증

포도청

할 일을 하지 않는다고 누가 네 충전기를 뽑아 버리진 않잖아?

하지만 노비는 그럴 수 없었어. 항상 주인의 말에 절대 복종해야 해. 노비에게는 '인신의 구속'이라고 해서 혼인, 이사, 직업 선택의 자유가 없어. 특히 혼인은 절대로 노비 마음대로 할 수 없었지!

조선 후기 들어 노비의 자식은 어머니 쪽 주인의 소유가 되기 때문에, 주인들은 자신이 거느린 남자 노비가 다른 집 여자 노비와 혼인할 수 없도록 막았어. 실제로 이웃 여자 노비와 혼인한 남자 노비를 강제로 이혼시킨 일도 있었다고 해. 주인의 이해관계가 걸려 있으면 혼인은커녕 이성 교제도 마음대로 할 수 없는 거지.

직업도 마찬가지. 노래를 좋아한다고 해서 마음대로 가수를 할 수 없었어. 어디 그뿐인가? 시키는 일을 원하는 시간에 할 수도 없었지. 무조건 주인이 하라고 하면 바로 해야만 하는 거야.

③ 재판 따윈 사치일 뿐 : 노비 유죄, 양반 무죄

너는 수시로 내게 불평불만을 털어놓거나 독자들에게 뒷담화를 하지만, 노비는 억울한 일이 있어도 주인을 고발하지 못해.

조선을 유지하는 가장 큰 힘은 위아래 질서를 강조하는 유교 이념이었어. 즉, 아랫사람이 윗사람의 허물을 따지거나 비판하는 건 아름답거나 평화롭지 않다고 여기던 사회였지. 그러니 주인이 노비를 때리거나 심지어 죽여도 주인을 처벌해 달라는 고소를 할 수 없었어. 반대로 주인이 노비를 이유 없이 죽여도 아주 작은 형량만 내려지는 경우가 많았다나?

실제로 조선의 어느 양반이 노비가 잘못을 저질렀다며 때렸는데, 그만 노비가 죽어 버렸어. 그러자 시신을 대충 처리하고는 일을 덮어 버렸다지. 근데 소문이 퍼지자 다들 잘한 처사라며 양반을 칭송하더래. 양반들에게는 인권이나 생명의 존엄보다, 위아래 질서를 지키는 게 더 큰 정의였기 때문이지.

그렇다곤 해도 가끔 잔혹하게 노비를 죽이는 일이 발생하면 재판이 벌어지기도 했어. 노비가 잘못한 게 없을 경우에는 주인이 벌을 받기도 했는데, 그다지 큰 벌은 아니었대. 이래저래 노비들만 억울했던 거지.

단, 역모에 관계된 사건으로는 주인을 고발할 수가 있었어. 그럴 경우에는 큰 상도 받았지.

왜냐고? 주인과 노비 사이의 질서보다 왕과 신하 사이의 질서가 먼저 니까!

그럼 노비가 양반이 아닌 상민과 다투면 어떻게 될까? 대충 눈앞에 그려지지? 당연히 노비가 불리해. 설령 돈이 많은 노비라 할지라도 상민과 다투면 노비가 더 큰 벌을 받아. 억울해도 어쩔 수 없어. 법이 그런걸, 뭐.

또 둘이 다투는 게 아니라 같이 공모해서 범죄를 저질렀을 때에도 노비는 상민이나 양반보다 훨씬 무거운 벌을 받았어. 제23대 순조 임 금 때 서양에서 들어온 천주교가 크게 유행했는데, 그때 나라에서 금 지한 종교를 믿었다는 이유로 수천 명의 천주교도들을 붙잡았지. 그런 데 양반은 반성문을 쓰고 풀려나거나 몇 년의 유배로 끝났지만, 상민 은 죽지 않을 만큼 곤장을 맞았고, 노비나 천민은 거의 사형을 당했지. 그걸 보면 노비라는 신분이 얼마나 미천했는지 잘 알겠지?

④ 너의 이름은…… : 개돼지, 돌멩이, 소똥

넌 최초의 '인공 지능 + 로봇'이라는 뜻을 담아 정성껏 성은 알파요 이름은 봇이라고 이름을 지었지만, 노비들 이름은 아무 뜻도 없이 그 냥 붙였어. 당연히 성은 없었지. 더러 성이 붙은 기록이 있다면, 그건 노비 신분에서 해방된 사람인 경우야. 그런 사람들은 성을 막 가져다 붙여서, 이씨 아니면 김씨인 경우가 많아.

성은 그렇다 치고, 부르긴 해야겠으니 이름이 필요했어. 그래서 노비가 태어나면 주인의 입맛에 따라 아무거나 가져다 붙였지. 그래서 강아지, 똥개, 돼지, 박쥐같이 동물에 빗댄 이름이 많았고, 아무 의미 없이 첫째, 둘째 내지는 작은놈, 막둥이 등으로 막 지었어.

또 길가에 굴러다니는 돌이나 똥 같다며 돌쇠, 말뚱이, 분녀 같은 이름을 붙이기도 했어. 그나마 마음씨 착한 주인이 곱단이, 예쁜이같이 고운 이름을 붙여 준 경우도 간혹 있었지만, 고약한 양반은 도깨비, 썩을년, 야차 같은 이름을 붙이기까지 했지.

이렇게 억울한 처지의 노비를 두고 하고 싶은 거 다 하고, 놀 거 다 놀고, 멋진 이름까지 가진 우리 알파봇 님이 억울하다 어쩌다 하면 이 얘기를 듣는 노비는 더, 더, 더, 억울하겠지?

참, 아까 양반이 지켜야 할 수칙 열 가지 기억나? 마찬가지로 노비가 지켜야 할 수칙도 있었어. 뭐, 노비가 지켜야 할 거라면 백 가지까지도 가능하겠지만, 추리고 추려서 열 가지를 뽑아 봤지.

목숨 걸고 지켜야 할 절대 수칙, 노비 10계명

1. 주인집 일도 내 일이고, 내 집 일도 내 일이다

네 일도 내 일이요, 내 일도 내 일. 어차피 둘 다 노비가 할 일이니까, 그나마 욕먹지 않으려면 주인집 일부터 하는 게 낫겠지? 안 그러면 게으르다고 매를 맞을 수도 있으니 말이야.

2. 싫어도 같은 집 노비끼리 혼인하라

다른 집 노비와 마음대로 혼인했다가는 강제로 이혼당할 수도 있어. 자칫하다간 양반끼리 싸움이 날 수도 있고. 그러니 아무리 마음에 안 들어도 같은 집에 사는 노비끼리 혼인하는 게 최고야.

3. 아무리 어려도 양반이면 무조건 존댓말을 써라

노비는 언제나 양반의 아랫사람일 뿐이야. 마을에서 가장 나이가 많다고? 그래도 노비는 양반집 아기에게까지 존댓말을 써야 해. 안 그랬다간 모욕죄로 두드려 맞을 수도 있다니까?

4. 돈이 많아도 화려한 집과 옷은 피해라

노비는 돈을 쌓아 놓고 살아도 집을 마음대로 크게 짓거나, 좋은 옷을 입을 수 없어. 그랬다간 법을 어기는 거니까. 그나저나 돈이 있어도 못 쓰는 건 얼마나 답답할까?

5. 큰길보다는 작은 길로, 낮보다는 밤에 다녀라

대낮에 양반을 만났다가 인사를 하지 않았다고 자칫 트집을 잡힐지도 모르니 아예 피해 다니는 게 좋겠지? 그래도 마주친다면, 그건 재수가 없는 날이니 어쩔 수 없지.

6. 도망치더라도 고향이나 친척집은 피해라

도망간 노비를 쫓는 사람들이 어디부터 뒤지겠어? 오늘날 범죄자를 잡기 위해 연고지부터 수색하는 것과 같아. 추노꾼에게 잡히지 않으려면 전혀 아는 사람이 없는 곳으로 도망가는 게 성공 확률이 높겠지.

7. 억울한 일을 당했을 땐 차라리 골탕을 먹여라

노비는 주인을 고발할 수 없어. 고발했다가 오히려 곤장이나 맞지 않으면 다행이지. 그러니 억울하면 몰래 골탕 먹이는 게 상책이야. 어떤 못된 양반이 신공을 받으러 갔더니, 외거 노비들이 작당해서 땅을 싹 팔아 치우고선 나 몰라라 했다나?

8. 상민과 싸우면 불리하니까 일단 피하라

앞에서도 얘기했지만, 신분이 제일 낮은 노비가 상민과 싸우면 득이 될 게 하나도 없어. 억울하고 분통 터져도 무조건 피하는 게 상책이야. 양반은 말할 것도 없고!

9. 면천하려거든 자신의 적성을 살려라

노비에서 벗어나는 방법은 매우 드물지만, 그렇다고 아예 없는 건 아니야. 돈을 많이 벌어서 몸값을 주인에게 치르거나, 아니면 전쟁에 나가서 큰 공을 세워 벼슬을 하면 노비 신분에서 벗어날 수 있었어. 적성에 맞다면 한 번쯤 도전해 볼 만하지.

10. 관청에 소속된 노비는 출산 휴가를 꼭 챙겨라

공노비 중에서 여자는 출산 휴가 100일이 나오니까 반드시 챙겨야 해. 아니, 노비는 사람 취급도 안 하면서 무슨 휴가가 있냐고? 나중에 이야기하겠지만, 노비를 가엾게 여긴 사람들이 조선에 없는 건 아니었어. 심지어 남편까지도 15일의 출산 휴가가 나왔다나? 잊지 말고 꼭 챙겨 먹도록!

양반보다 나은 노비, 상민보다 못한 양반?

　조선 시대 노비의 억울한 점을 살피고 나니까 어때? 정말 서러웠겠지? 그런데 이쯤에서 생기는 의문점 하나. 그럼 노비는 정말 모든 것을 내주어야만 하는 걸까? 아니야, 노비가 아무리 천대받아도 절대 건드릴 수 없는 게 있었어. 바로 노비의 '재산'이지.

　노비는 주인의 말에 무조건 복종해야 하지만 재산만은 따로 소유할 수 있었고, 그걸 불려서 자식들에게 물려줄 수도 있었어. 물론 자식이 없다면 그 재산은 노비의 주인에게 상속되지만, 죽기 전에는 주인이라도 함부로 뺏을 수가 없었지. 그렇게 재산을 모은 노비 가운데 역사에 이름을 남긴 이가 있다고 하던데……

이게 무척 놀라운 일인 게, 조선 시대는 모든 기록이 양반 위주로 남아 있어. 일반 백성은 물론이고, 공식적으로 양반을 보좌한 중인조차 한 줄 기록으로 남기 힘들지. 그런데 노비 얘기가 기록에 남다니! 대체 어떤 일이 일어난 걸까? 알파봇, 이제 그만 놀고 좀 알려 주지 않겠니?

흉년에 백성을 구한 노비, 임복

아휴, 박사님도 참. 전 놀고 있는 게 아니라고요. 요즘 유행에 맞춰 유튜브 중계를 시작했다니까요?

아, 여러분, 안녕~. 최초의 인공 지능 유튜버 알파봇이에요. 오늘은 조선의 노비, 아니 조선의 인기 유튜버 한 분을 모시고 '이런 노비, 저런 양반'에 대해 이야기를 나누어 볼까 합니다.

"선생님, 첫 번째 그림 설명 좀 부탁드릴게요."

"아, 제9대 성종 임금 시절, 하늘이 노했는지 엄청난 흉년이 들었지 뭡니까? 이때 진천에 사는 사노비 임복이 쌀 3천 가마를 풀어 백성들을 구제했지요. 임복은 백성들이 굶주리자 처음에 쌀 2천 가마를 내놓습디다. 이에 감복한 임금이 면천을 시켜 주려고 했다나요. 그런데 신하들이 말도 안 된다며 강력하게 딴지를 걸었습죠. 그래도 임금은 임복을 조정으로 불러올렸답니다."

성종 : 네 소원이 무엇이냐?

임복 : 저와 제 아들 네 명을 노비 신분에서 풀어 주십시오.

성종 : 너, 너무 많은 거 아닌가? 다섯 명이나 면천시켜 달라고?

임복 : 그럼 쌀 1천 가마를 더 내놓겠습니다.

"그렇게 도합 쌀 3천 가마를 내놓은 임복과 그의 네 아들은 노비 신분에서 벗어났지요. 정말 부럽습니다요. 그런데 이걸 흉내 내 보겠다는 사람이 있었어요. 가동이라는 노비가 자기도 쌀 2천 가마를 내놓겠다고 달려들었지요. 하지만 성종 임금은 속이 보인다며 곡식을 그냥 돌려보내고 맙니다. 이 이야기의 교훈은 뭘 해도 처음 해야 빛을 본다는……. 이게 아닌가? 아무튼 백성을 구하고자 곡식을 내놓고 면천에 성공한 노비 임복의 이야기였습니다요."

나라도 못 구한 백성을 돌본 김만덕

"여기선 너무 존대하지 않으셔도 되어요. 하긴 저도 말투를 바꾸기가 쉽지 않더라고요. 엇, 다음 그림을 가지고 오셨네요. 배에 크리스마스 선물을 가득 싣고 있는 것처럼 보이는데, 무슨 그림일까요?"

"혹시 제주 기녀 김만덕이라는 이름을 들어 보셨는지요? 김만덕은 제주도 사람으로, 어릴 적에 고아가 되어 기녀 손에서 자랐답니다. 기녀에게 길러진 터라 만덕 역시 자연스럽게 공노비 신분의 관청 기녀가 되었지요. 그런데 만덕은 어느 정도 자라자, 수령에게 탄원서를 내서 자신이 원래 기녀 신분이 아니었음을 주장하고 양인 신분을 돌려받게 됩니다. 정말 부럽습니다요, 암요. 그 후 만덕은 제주도에서 객주 운영과 장사를 통해 엄청난 돈을 모아 대상인이 되지요.

제주도는 목장은 많지만 농토가 적어서 농산물이 부족하고, 흉년도 자주 들어 백성들이 굶주리는 일이 종종 있었답니다. 그럴 때마다 조

정에서 백성들을 구제하기 위해 곡식을 조금씩 보내 주곤 했는데, 수령들은 여기서조차 곡식을 빼돌려 자기 재산을 불리기 바빴지요. 어유, 썩을 것들! 어이쿠, 죄송합니다요.

아무튼 김만덕은 이게 늘 안타까웠던 모양입니다. 그래서 자신이라도 돈을 풀어 백성들을 구해야겠다고 생각했지요. 기록에 의하면 돈 천 금을 지불하고 육지에서 곡식을 사 왔다나요. 그 곡식으로 굶어 죽어 가는 백성들을 구한 거지요. 수령이라면 당연히 양반 나으리겠지요? 근데 양반은 나쁜 짓을 하고, 한때 노비였다 상민이 된 김만덕은 백성들을 구한 셈이지요. 만덕이 누나 짱!"

욕심부리다 죽은 양반, 봉석주

"오, 이번에는 주인공이 양반이네요. 이번엔 또 어떤 따뜻한 이야기일까요?"

"따뜻한지 잘 모르겠습니다요. 꼰대 중에 꼰대인 양반 이야기니까요. 제7대 세조 임금 때 높은 관직을 지낸 봉석주라는 사람인데, 세조가 조카를 죽이고 임금이 될 때 옆에서 도와 공신이 되었다나요? 근데 그는 엄청난 욕심꾸러기였습죠. 그러니까 돈이 생기는 일이라면 뭐든지 하고 보는 사람이었지요.

하루는 봉석주가 바늘 만드는 사람을 불러 거하게 술에 먹인 뒤 바늘을 잔뜩 만들게 했답니다. 그렇게 돈 한 푼 안 주고 바늘을 잔뜩 만든 봉석주는 수백 명의 자기 집 노비들을 불러 모아 바늘을 하나씩 나눠 주면서 이렇게 말했다나요?

봉석주 : 이 바늘을 가지고 각자 흩어져서, 무슨 방법을 쓰든 좋으니 달걀로 바꾸어 오도록 하라.

주인의 명을 거역할 수 없던 노비들은 바늘을 달걀로 바꿔 왔지요. 그러자 봉석주는 또 각자 갖고 온 달걀을 큰 닭으로 키워 오라고 시킵니다. 만일 부화를 못 시키면 개인 돈으로 사서 가져오라고 윽박질렀지요. 결국 봉석주는 닭 수백 마리를 모아 돈을 벌었답니다. 술 몇 잔으로 바늘을 수백 개를 만들고, 그 바늘로 닭 수백 마리를 만드는 엄청난 재주를 부린 셈이지요.

그뿐만이 아니랍니다. 연고가 없는 시신을 발견하면 옷을 벗겨다 빨아서 다시 팔아먹기까지 했다나요? 이런 짐승만도 못한……. 어이쿠, 갑자기 마음의 소리가 튀어나왔습니다요.

아무튼 돈을 모으느라 남의 등을 치는 건 물론이요, 공공연히 남의 재산을 가로채다 보니 피해자들의 항의가 임금님 귀에 자주 들어갈 수밖에요. 그러자 세조 임금은 봉석주를 불러 호되게 야단을 쳤답니다. 공신이다 보니 차마 벌을 주지는 못한 모양이지요.

그런데 봉석주는 자꾸만 야단을 맞자 딴 생각이 들었나 봅니다. 무려 반란을 일으킬 계획을 세웠다지요? 하지만 계획이 들통나서 곧 역모죄로 사형을 당합니다. 역모죄로 죽었으니 이제 맘껏 욕해도 괜찮겠습죠? 어휴, 그놈 참 잘 죽었다! 속이 다 시원하네. 여기까지 노비보다 못한 양반 이야기였습니다요."

이야기 잘 들었습니다! 이런 노비 저런 양반이라니, 구구절절 재미있는 이야기네요. 저도 어서 빨리 인기 유튜버가 되어, 노비 신분에서 벗어난 임복처럼 박사님의 머슴 처지에서 벗어나야겠네요.

자, 멍 박사님. 이제 나와 주시죠!

삼인 삼색 특수 노비 삼총사

내가 잠깐 멍 때리느라 알파봇 녀석이 유튜브 중계 끄트머리에 무슨 말을 하는지 미처 듣질 못했네. 임복 뭐라 뭐라 한 거 보니, 자기도 빨리 유명해져서 대통령 앞에 나서고 싶다고 한 모양이지? 그렇게 되면 당연히 알파봇의 주인, 아니 연구소 소장이자 알파봇의 동료인 나도 초대를 받겠구먼.

아무튼 조선 유튜버의 이야기를 듣다 보니, 나도 문득 떠오르는 이야기가 있어. 조선 시대에 없어서는 안 될, 이름하여 특수한 일을 맡았던 노비 삼총사!

제사 지내는 노비, 성균관 수복

조선 최고의 교육 기관이자 수재들이 바글바글 모인 성균관. 성균 관 안에는 공자와 여러 성현의 위패를 모셔 놓은 대성전이 있어. 절기 가 되면 대성전 앞마당에는 제사를 올리려는 유생들이 줄지어 서고, 그 앞으로 일꾼처럼 보이는 남자들이 바쁘게 오가지.

"저, 이거, 어디 놓을까?"

"저기 오른쪽 끝에 두십시오."

"이건? 자네, 바쁘더라도 제발 좀 알려 주게."

제사를 지낼 때가 되면, 유생들이 노비 복장의 일꾼들에게 쩔쩔매 는 모습이 일상다반사였어. 도대체 뭔 일이냐고? 복잡한 제사 절차를 잘 모르는 유생들이 성균관 소속 노비인 '수복'에게 제사 절차를 하나 하나 물어보는 상황인 거지.

수복이 누구이기에 양반들이 쩔쩔매는 걸까? 성균관에 속한 남자 노비들은 어릴 때 '재지기'라고 불리며 성균관 유생들의 방 청소 같은 허드렛일을 해. 그러다 커서는 제사 준비나 땔감 마련 등 성균관 안팎의 잡일을 하는 수복이 되는 거야.

수복들은 보통 노비들과는 달리 특별 대접을 받았어. 성균관의 가장 중요한 행사인 문묘 제사를 진행하기 때문이야. 게다가 성균관 유생들은 자꾸 바뀌지만, 수복들은 평생 같은 일을 해 왔으니까 그 누구보다 성균관에서 벌어지는 일을 잘 알고 있을 테지.

심지어 어릴 때부터 책과 가깝게 지내서인지 수복 중에서 학식이 뛰어난 사람이 배출되기도 했어. 수복 출신인 정학수라는 노비는 성균관 유생들보다 학식이 더 깊었대. 그래서 수복을 그만두고 큰 서당을 열었는데, 거기 들어오고 싶어 하는 학생들이 줄을 섰다나?

같은 노비 처지라 해도 떡 한 조각이라도 얻어먹을 수 있는 부엌 노비가 좋고, 한 글자라도 글을 배울 수 있는 성균관 노비가 유리했던 셈이랄까?

포도청의 여자 수사관, 다모

성균관에서 꽤 떨어진 으리으리한 기와집 안뜰. 허름한 옷을 입은 여인이 대감댁 안방으로 서슴없이 들어갔어. 헉, 안방에서 끔찍한 살인 사건이 일어난 모양이야! 피해자인 마님의 시신을 살펴보던 여인이 마님의 입 안과 콧구멍을 살폈어. 시신을 검사한 여인이 밖으로 나와 무어라 속삭이자 수사관이 모두에게 일렀지.

"노비들은 모두 모여라. 그리고 어젯밤 안방마님에게 호박죽을 올린 자는 앞으로 나서라."

여자 노비 하나가 앞으로 나섰어.

"쇤네가 호박죽을 끓였사온데 가지고 들어간 사람은 침모입니다."

노비의 증언을 듣고 수사관이 침모를 체포하라고 명했어. 그사이 마님의 시신을 검사했던 여인이 침모의 방에서 종이로 싼 뭔가를 들고 나왔지. 봉지를 전해 받은 수사관이 말했어.

"시신의 입 안에 남아 있는 호박죽에 은비녀를 넣었더니 검게 변했다. 침모가 호박죽에 독약을 넣은 까닭이다. 이것이 쓰고 남은 독약을 싼 봉지다."

침모는 얼굴이 하얗게 질리더니 그대로 주저앉아 울음을 터뜨렸어.

시신의 입 안에 남아 있던 호박죽에 독이 들었다는 사실을 밝혀낸 여인은 누굴까? 여자 관노비이자 수사관인 '다모'야. 다모는 관아에서 차를 끓여 대접하는 일을 하는 노비인데, 그보다 훨씬 중대한 상황에서 대활약을 할 때가 있었지. 바로 여자 수사관!

그런데 여자 수사관이 왜 필요했을까? 조선 시대에는 남녀가 유별했어. 남녀가 유별나다는 게 아니라 성리학의 가르침에 따라 철저히 구분해야 한다는 뜻이지. 지금은 이해하기 어렵겠지만, 일곱 살만 되어도 남녀를 서로 떼어 놓아야 한다고 가르쳤을 정도라니깐? 그러다

보니 남성 수사관이 여성을 함부로 취조할 수 없었어. 양반가 여성이라면 더더욱!

조선 시대의 특성상 양반가의 여성 피해자를 검사하거나, 여성 용의자를 다룰 때 다모들이 나설 수밖에 없었던 거지. 비록 노비이긴 하지만, 다모는 정의를 세우는 데 없어서는 안 될 여성 수사관이었던 셈이야.

노래 부르는 노비, 가비

아흔아홉 칸 고래등 같은 기와집 뒷마당 우물 앞, 한 소녀가 노래를 부르고 있어. 차림새를 보아하니 노비 같은데, 일은 안 하고 노래에 정신이 팔려 한가하기 이를 데 없어 보여.

어이쿠, 갑자기 한 아주머니가 쫓아와 소녀의 머리를 쿵하고 쥐어박았어.

"이것아, 물을 길어 오라니까 종일 노래 자락이냐? 못생긴 게 일이라도 잘할 줄 알았더니 종일 딴짓이야. 가서 나물이나 캐 와!"

소녀는 바구니를 냉큼 집어 들고 들판으로 달려갔어. 그런데 나물은 쳐다보지도 않고 또 노래만 부르네. 돌아온 소녀의 바구니는 당연히 비어 있을 수밖에. 아주머니는 빈 바구니를 보며 혀를 찼어. 그래도 소녀는 머리만 긁적일 뿐, 다음 날도, 그다음 날도, 종일 노래만 불렀어.

하라는 일은 안 하고 주구장창 노래만 하는 소녀의 이름은 석개. 송언이라는 양반의 노비야. 엉뚱한 노비에 대한 소문은 곧 주인인 송언의 귀에도 들어갔지. 송언은 석개를 노래하는 노비인 가비로 만들어

야겠다고 생각했어. 그러자 노비들의 우두머리인 수노가 나서서 적극적으로 말렸어.

"눈은 어디 붙었는지도 모르게 작고, 얼굴은 꼭 원숭이 같은데……, 저런 아이를 가비로 삼다니요?"

송언은 수노가 말려도 듣지 않고 석개가 전문적으로 노래를 배우도록 돕기까지 했어.

"노래가 그리 좋으면 어디 한 번 실컷 불러 보아라."

덕분에 석개는 한양에서 노래를 제일 잘하는 명창이 되었어. 석개 이전으로도 이후로도, 백 년 동안 그녀보다 뛰어난 명창은 없었다고 하니 대단하지?

조선 시대에는 석개처럼 뛰어난 예술적 재능을 지닌 노비들이 아주 많았어. 가장 천한 신분으로 여긴 천민으로 범위를 넓히면 더욱 많지. 노래와 연주를 맡은 기생은 물론이요, 도자기와 종이를 만드는 기술자인 공장, 묘기를 선보이는 광대 등 예술계에 종사하는 천민들이 굉장히 많았으니 그럴 만도 하지.

이들이 바로 조선 시대 예술·문화의 한 축을 담당한 주연들이었다고나 할까?

시대가 변하면 신분도 변한다
··· 조선 후기 사회 변화 ···

조선 초기에 열에 한 명도 안 되던 양반이 조선 후기에는 열에 예닐곱 명이나 되었다고 한다. 갑자기 이게 무슨 말이냐고? 그러니까 노비가 길을 가다 열 명을 만났을 때, 조선 초에는 한 번만 절을 올리면 되었지만, 조선 후기에는 계속 고개를 숙이고 있어야 할 정도였다는 이야기이다.

고종 시절인 1893년 날짜가 적혀 있는 위조된 공명첩. 경제적인 여유가 없는 사람들은 족보뿐 아니라 공명첩까지 위조해서 사용했다. 양반이 되고자 하는 욕망을 읽을 수 있다. ⓒ국립 민속 박물관

왜 그렇게 되었을까? 조선 후기에는 담배와 인삼, 약재, 목화 등 특수 작물을 재배하는 농민이 점차 늘어났다. 또 상업과 공업이 발달하면서 상민과 노비 중에서도 장사를 해서 부자가 된 사람이 부쩍 증가했다.

이런 상황에서 흉년이 들거나 나라에 위기 상황이 닥치면 조정은 부자들에게 양반이 될 수 있는 '공명첩'을 팔았다. 즉, 돈으로 양반 신분을 사는 시대가 온 셈이었다.

뿐만 아니라 공명첩을 살 형편이 되지 않는 상민 중에는, 족보를 위조한 뒤 아는 사람이 없는 곳으로 도망가 양반 행세를 하기

도 했다. 이렇게 기를 쓰고 온갖 방법을 동원해 양반이 되려고 한 까닭은, 양반은 군역이나 세금에서 면제되었기 때문이다! 그만큼 양반의 수는 자꾸자꾸 늘어났다.

반면에 권력을 잡기 위해 여러 당파로 나뉘어 다투는 붕당 정치가 심해지면서, 권력에서 밀려난 당파의 양반들은 관직에 오를 수 없게 되어 재산도 능력도 없는 양반이 되었다. 이들을 '잔반'이라고 부른다.

잔반들은 먹고살기 위해 스스로 일을 해야만 했다. 그래도 글깨나 읽었다는 잔반은 서당을 열어 동네 아이들을 가르치며 입에 풀칠을 했고, 그마저도 할 수 없는 잔반들은 돗자리를 짜는 일 같은 부업을 하기도 했다. 농사일에 손가락조차 까딱하지 않는다고 '잡초 하나 직접 뽑는 일이 없다'던 양반들에게 큰 변화가 생긴 셈이었다.

시간이 흐를수록 양반 중에서 일반 농민과 구분이 되지 않는 잔반이 늘어났다. 이제 돈 많은 노비나 상민이 양반이 되고, 몰락한 양반은 상민이 되는 세상이 되었다. 원체 수가 적던 양반이 몰락하는 숫자보다 머릿수가 많던 상민이 양반으로 신분 세탁을 하는 경우가 월등히 많았기에, 조선 후기에는 길을 가다 양반을 만나기가 훨씬 쉬워졌던 것이다.

경제가 살아야 나라가 부강해진다 : 실학의 등장

옷차림은 신분의 귀천을 나타내는 것이다. 그런데 어찌 된 까닭인지 근래 이것이 문란해져 상민과 천민이 갓을 쓰고 도포를 입는 것이 마치 조정의 관리나 선비 같다. 진실로 한심스럽기 짝이 없다. 심지어 시전 상인이나 군역을 지는 상민들도 서로 양반이라 부른다.

—《일성록》중에서

정조가 쓴 일기를 정리해서 문집으로 펴낸《일성록》에 등장하는 구절이다. 위의 글에서 신분 제도가 동요하고 있다는 점을 읽을 수 있으면서, 동시에 상민과 천민이 양반들이 입는 갓과 도포를 살 수 있을 정도로 부유해졌다는 사실도 알 수 있다.

18세기 중엽, 전국적으로 열리는 시장이 천여 군데가 넘었다고 한다. 또한 나라에서 보증한 화폐인 '상평통보'가 유통되면서 상업은 더욱 활기를 띤다. 장사하는 상인들을 낮잡아 보고, 동전을 직접 만지는 것조차 체면 때문에 꺼려했던 양반들보다 상민과 천민들이 장사에 훨씬 더 적극적이었을 것이다.

하지만 상공업의 중요성을 깨닫고 더욱 장려해야 한다고 주장하는 선비들도 있었다. 주로 권력 다툼에서 밀려난 양반 가문의 자손들이었는데, 이들은

단원 김홍도가 그린 '벼 타작'. 열심히 일하는 일꾼들 뒤로 손 하나 까딱하지 않는 감시자인 양반을 찾아볼 수 있다. 하지만 조선 후기가 되면서, 양반들의 일상에 변화가 시작된다.
ⓒ국립 중앙 박물관

상공업뿐 아니라 역사, 국방, 지리 등에 관심을 갖고 합리적으로 탐구하고자 노력했다. 이들이 주장한 학문의 경향을 '실학'이라고 부른다.

실학자들 중에는 당시 서양의 문물을 활발히 받아들이던 청나라를 방문하고 돌아온 사람들이 제법 많았다. 박지원, 박제가, 홍대용 등의 실학자들은 청나라의 선진 문물을 소개하는 데 그치지 않고, 화폐와 수레 등의 사용을 더욱 적극적으로 권장하거나 양반 사회의 폐단을 지적하는 등 조선 사회를 변화시키고자 노력했다. 또한 신분제를 아예 없애거나, 노비의 매매를 금지하자는 등 혁신적인 주장도 서슴지 않았다.

하지만 큰 변화로 이어지기에는 한계가 있었다. 실학자 대부분은 개혁을 추진할 수 있을 정도로 중요한 관직에 오르지 못한 선비들이었고, 그 숫자도 소수에 불과했다. 게다가 권력을 쥐고 있던 유학자들은 이들의 주장에 별반 관심이 없었다!

당시 성리학은 오로지 과거 시험에 급제해 출세하려는 도구이자, 양반으로서 혜택을 누리기 위해 신분 제도를 유지하는 수단에 불과했다. 조선을 유지하는 원동력이던 성리학이 시대가 변화하는 속도를 따라가지 못했다고나 할까? 그래서 대표적인 실학자인 박지원은 〈양반전〉 같은 소설로 양반의 실태를 비꼬았고, 정약용은 자신의 저서에서 성리학을 비판하는 목소리를 높이기도 했다.

비록 실학자들의 생각은 실천으로 이어지지 못했지만, 일부는 개화파로 이어지면서 조선의 근대화에 영향을 끼치기도 했다. 시대를 '앞선' 생각은 하루 아침에 변화를 이루는 게 아니라, 이렇게 오랜 시간이 걸려 열매를 맺기도 한다.

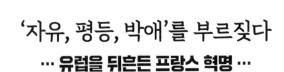

'자유, 평등, 박애'를 부르짖다
… 유럽을 뒤흔든 프랑스 혁명 …

조선의 신분제가 흔들리던 때와 비슷한 시기, 서양에서도 신분 제도에 변화의 바람이 불기 시작한다.

17세기에 접어들면서 유럽에서도 상인, 상공인 출신의 시민 계급이 사회를 주도하게 된다. 그런데 시민 계급에서도 부자가 된 사람들은 돈을 주고 귀족 신분을 샀지만, 돈이 없는 일반인들은 엄청난 세금에 시달려야만 했다. 아니, 조선의 상황과 이렇게 비슷할 수가? 당시 세계 여러 나라의 상황이 자못 비슷했던 모양이다.

아무튼 이런 상황에서도 정신을 못 차린 프랑스의 왕 루이 16세는 흥청망청 사치와 전쟁으로 세금을 써 대고는 돈이 바닥나자 삼부회를 소집했다. '삼부회'란, 왕 아래 제1신분인 성직자, 제2신분인 귀족, 제3신분인 시민 계급, 이렇게 세 신분으로 이루어진 국가 정책 결정 기관을 말한다. 오늘날 국회와 비슷하다고 할 수 있겠다.

그런데 말만 국회지 오히려 조선 사회와 매우 비슷했던 게, 인구의 2퍼센트 정도를 차지하던 특권층인 제1신분과 제2신분이 주요 관직을 독점했을 뿐 아니라 이들은 세금을 내지 않았다. 반면에 나머지 인구의 90퍼센트 이상을 차지하던 시민 계급은 무거운 세금 부담을 안고 살아야 했다.

그런데 루이 16세는 삼부회를 소집해 새로운 세금을 거두기 위한 논의를 하면서, 등이 휘도록 세금을 내는 제3신분만 회의에서 제외시킨다. 그렇잖아도 무거운 세금 때문에 불만이 가득하던 시민 계급이 세금 인상에 반발하며 '국민 의회'를 결성하고 머릿수대로 투표를 하자고 밀어붙이자, 아예 회의에서 빼 버린 것이었다.

혁명, 신분 차별을 집어삼키다

상황을 대수롭지 않게 여겼던 루이 16세와 달리, 일반 시민들의 분노는 거의 왕궁을 집어삼킬 정도였다. 결국 분노한 시민들은 봉기했고, 이는 곧 기념비적인 '혁명'으로 이어졌다.

1789년, 프랑스 시민들은 무기를 탈취해 바스티유 감옥을 무너뜨렸고 시위는 곧 전국으로 퍼져 나갔다. 이어서 시민들로 이루어진 '국민 의회'는 모든 귀족의 특권을 없애 버리고, '인권 선언문'을 발표하여 모든 시민이 평등하다고 선언했다. 이것이 바로 세계사에 한 획을 그은 '프랑스 혁명'이다.

프랑스 혁명의 정신은 '자유', '평등', '박애'로 요약할 수 있는데, 세 가지 색깔로 구성된 프랑스 국기의 각 색깔은 프랑스 혁명의 세 가지 정신을 상징한다고 전해진다. 이후 세습된 신분으로 인해 받는 차별은 차차 사라지게 되었다.

총 17개 항목으로 구성된 프랑스 인권 선언문. 세계 최초의 인권 선언으로 불리기도 한다. ©Wikimedia Commons

양반의 재산 목록 1호, 노비

아, 참! 어제 연구소 구석에서 흥미로운 문서를 하나 발견했어. 슬쩍 살펴보니 조선 시대에 노비를 사고팔 때 작성한 계약서지 뭐야.

[1580년 5월 4일, 명료한 앞 계약서]

딸을 시집보내는 데 돈이 필요하여 노비를 팔고자 쓴 계약서입니다. 양동 마을에 사는 담사리와 쪼깐이 사이에서 난 노비인 열여덟 살 곱동이와 열네 살 곱단이를 쌀 70가마에 팝니다.

* 파는 사람 : 김막숭
* 증인 : 파는 사람의 사촌 김영숭
* 계약서 쓴 사람 : 파는 사람의 삼촌 김의성

한문으로 쓰인 계약서라 박사인 내가 쉽게 해석을 했는데도 대체 무슨 소린가 싶어. 그래서 계약서를 남긴 내 조상 할아버지를 모셔 보기로 했지. 궁금한 것들을 여쭤 볼 테니까 잘 들어 봐.

할아버지, 어서 나와 주시지요!

멍 선비

그래, 나를 불렀느냐? 후손을 잘 둔 덕에 역사 연구소에 종종 초대받을 수 있어 참 감개무량하구나. 이번엔 무엇이 궁금해서 불렀는고?

멍 박사

제가 우리 가문에 내려오는 문서를 하나 찾았는데요, 아무래도 노비를 사면서 쓴 계약서 같아요. 맞나요? 근데 노비도 사람인데 물건처럼 사고팔다니, 정말 그랬나요?

멍 선비

한 번에 몇 가지 질문을 하는 게냐? 아무튼 답을 하자면 맞다. 내가 살던 시대에는 말이다, 노비는 말이나 소와 다르지 않았어. 노비란 주인 마음대로 부리고, 돈이 궁하면 팔 수 있는 재산이었지. 값을 매겨 사고팔 수 있는 물건이나 마찬가지였단다. 그런 이유로 노비는 한 명, 두 명……, 이렇게 세지 않고, 한 구, 두 구……, 이렇게 센단다. 소는 한 마리 두 마리, 말은 한 필 두 필, 노비는 한 구 두 구.

말 한 필로 노비 세 구를 구입하다

멍 박사

그럼 대체 얼마에 사고판 건가요?

멍 선비

내가 산 노비의 가격은 법에 정해진 대로 쌀 서른 가마에 서 마흔 가마 정도였어. 듣자 하니 밥도 먹고, 빵도 먹고, 국수도 먹는 너희 시대에는 쌀의 가치가 그다지 높지 않다 면서? 그러니 쌀 마흔 가마라고 하면 '뭐, 대충 그렇구나.' 하겠지만, 밥만 먹었던 우리 시대에서 쌀 한 가마는 엄청 난 가치를 지니고 있었지.

이렇게 비쌀 수밖에 없는 이유가 있었어. 노비는 노비를 낳고, 그 노비는 또 노비를 낳아서 끊임없이 불어나는 재 산이거든. 시간이 지난다고 사라지는 게 아니라 대대손손 주인집의 재산이 되어 주는 거지. 그러니 쌀을 몇십 가마 씩 주고 사는 거야.

물론 노비의 가격이 얼마라고 딱 정해져 있는 건 아니었 어. 노비의 나이, 성별, 중요도에 따라 천차만별이었지. 게 다가 시대에 따라서도 가격이 제법 달랐어. 사실 문서에 적힌 가격은 법으로 정한 거라 좀 비싼 편이고, 실제로는 그보다 쌌지.

고려 말, 조선 초에는 말 한 마리에 노비 셋을 살 수 있었다고 하니, 그 당시 말보다 쌌던 건 분명하지. 그러다 조선 후기로 가면서 노비 값이 엄청나게 둘쭉날쭉해져. 쌀 두 가마에도 팔리고 스무 가마에도 팔리고……, 결국에는 쌀 한 가마에도 사고팔 수 있을 정도가 되었지.

왜 그렇게 가격이 폭락(?)했냐고? 조선 후기가 되면서 사회 분위기가 많이 바뀌었거든. 그래서 노비를 예전처럼 부려먹기가 쉽지 않았을뿐더러, 데리고 있으면 도망가는 경우가 많아졌어. 그만큼 사려는 사람이 점점 줄어들었지.

여기서 시간이 더 흘러 조선 말기에 이르면, 경제적으로 몰락하는 집들이 속속 등장하면서 자기 자신이나 자식을 노비로 파는 경우가 많아졌어. 노비를 사려는 사람들은 줄어드는데 노비가 되려는 사람들은 늘어나다 보니, 가뜩이나 폭락한 노비의 가격은 더욱 싸졌단다.

주인이 바뀌면 100일 내에 신고하라

계약서를 잃어버리면 어떡해요? 노비가 해방되고 싶으면 계약서만 훔쳐서 없애 버리면 되겠네요?

멍 박사

예끼, 조선이라는 나라를 너무 우습게 보는 거 아니냐? 그

멍 선비

럴까 봐 다 대비해 두었지. 관청에도 노비를 사고판 계약에 대한 문서를 보관해 두었어. 노비를 사고팔 때는 관청에 꼭 신고해야 한다는 걸 법으로 정해 놓았거든.

법에 따르면 노비를 아무 이유 없이 사고팔 수 없지만, 어쩔 수 없이 사고팔게 될 경우에는 100일 이내에 관청에 신고하도록 되어 있었어. 그리고 거래 사실이 맞는지 관청에서 확인서를 써 주도록 했지. 그 기록을 관청에 남겨 놓은 건 물론이고.

그러니 계약서가 없다고 노비가 아니라고 발뺌하거나, 몰래 남의 노비를 데려와 자기 노비라고 우길 수 없었어. 만약 노비를 사고팔 때 신고를 하지 않으면 어떻게 되냐고? 신고하지 않은 사실이 들통났을 때는 관련된 노비를 모두 빼앗아 나라에 소속되도록 했지. 그래서 노비의 매매 사항은 죄다 관청에 기록될 수밖에 없었어.

뭐, 이유 없이 함부로 노비를 사고팔 수 없다지만 노비가 재산인 이상 거래가 엄청나게 많지 않았겠니? 그래서 노비들에 관한 문서를 보관하고, 노비 문제로 일어난 소송을 처리하고, 도망간 노비 문제를 해결하는 관청까지 있었어. 이를 '장례원'이라고 불렀단다. 장례원이 있는 한 노비들의 신분 세탁은 거의 불가능했지.

보증인 세워서 철저하게 계약하라

멍 선비

노비를 사고파는 과정에서 꼭 필요한 게 보증인이었어. 생각해 봐. 노비는 스스로 생각할 수 있고 살아서 움직이는 재산이잖니? 그러니 전 주인과 짜고 매매 후에 도망쳐 돌아가는 일이 얼마든지 생길 수 있었지.

그래서 노비를 사고팔 때는 반드시 보증인을 세워, 만일 노비가 도망가면 보증인이 책임을 지도록 했어. 관청에서도 보증인을 불러 계약 사실이 맞는지 반드시 확인을 했지. 보증인 하니까 생각나는 웃지 못할 이야기가 하나 떠오르는구나!

18세기에 최곳대라는 한 상민이 병든 아버지를 치료하기 위해 약을 지으려고 했어. 근데 약값이 무지 비싸서 고민

여기서 잠깐!

골치 아픈 소송은 여기로, 장례원

조선 초 노비 문서 관리와 매매 관련된 소송 업무가 폭주하자 노비에 대한 업무만 보는 관청이 생겨났는데, 바로 장례원이다. 장례원은 정3품 우두머리 아래로 일고여덟 명의 관리가 업무를 보았다. 원래 노비 관련 업무는 형조 관할이었는데, 노비 관련 소송이 엄청나게 늘어나서 주로 소송 업무를 담당하도록 만들어졌다고 한다. 노비의 신분을 증명하는 문서가 모두 여기 보관되었다고 하니, 아마 노비 입장에서는 장례원이 마치 괴물처럼 느껴졌을지도 모르겠다.

끝에 자식을 노비로 팔기로 했지. 웃긴 건 큰딸과 둘째 딸은 애저녁에 팔아먹은 뒤라, 셋째 딸 곱덕이만 남아 있었다나? 결국 곱덕이를 팔았는데, 이때 최곳대의 친구인 오재삼이라는 사람이 보증을 섰다고 해. 이렇게 딸을 팔고 재산이 불어난 최곳대는 아버지를 치료하고도 먹고살 만해졌다나. 그런데 갑자기 병들어 죽게 되었지.

그러자 친구인 오재삼은 최곳대의 남은 재산에 눈독을 들이고 가로채려고 했어. 우연히 이 계획을 알게 된 곱덕이는 분노에 차 오재삼을 혼내 주기로 했지. 비록 자신을 노비로 팔아 버린 아버지이지만, 가족은 가족이라고 생각했

신분 제도, 조선을 떠받치다

나 봐.

노비가 무슨 수로 상민을 혼낼 수 있냐고? 방법은 하나야. 자신이 도망쳐 버리는 것! 곱덕이가 도망치자 곱덕이를 산 주인은 보증을 선 오재삼을 불러 곱덕이를 찾아오게 했어. 못 찾으면 오재삼이 대신 노비가 되어야 한다는 증서까지 쓰게 했지.

이렇게 되리란 걸 예상했던 곱덕이는 절대 찾을 수 없는 곳에 꽁꽁 숨어 버렸어. 결국 곱덕이를 찾지 못한 오재삼은 노비가 되고 말았지. 사람을 아무렇지도 않게 사고팔고, 또 보증을 서다 잘못되면 자신이 노비가 되고……. 너희 시각에서 보면 참 무시무시하지?

아, 정말 웃기고도 슬픈 이야기네요. 사람을 사고팔 수 있는 시대이기에 생길 수 있는 이야기 같아요. 속 시원한 정보, 정말 감사합니다! 할아버지, 다음에 부르면 또 나와 주셔야 해요.

쫓는 자와 쫓기는 자

상민이었다가 노비로 팔려 가고, 노비 신분이면서 도망치기까지 한 곱덕이 이야기를 듣다 보니, 노비의 도주에 대해서 조금 더 알아봐야 겠다는 생각이 들어.

주로 양반과 노비 사이에 생긴 알력이긴 할 텐데……. 앞서 본 것처럼 상민이 노비가 되는 경우도 제법 있었으니, 상민 입장에서도 그저 남의 일만은 아니었겠지.

그럼 도망을 시도한 노비와 그들을 쫓는 사람들 이야기를 한번 들 어 볼까? 쫓는 자와 쫓기는 자, 과연 어떤 사연이 있는 걸까?

칠흑 같은 밤의 야반도주

노비
(구 오재삼)

그날은 칠흑처럼 새까만 밤이었습죠. 전 제 아내와 아이에게도 비밀로 하고 그날의 거사를 계획했습니다. 아는 사람이 많아질수록 계획이 새어 나갈 가능성이 커지니까요. 주인마님은 친척집에 가시고 안방마님은 아파서 누워 있던 그날, 나는 아내와 아이를 깨워 밤길을 나섰습니다. 이름하여 야반도주! 목적지는 남해안의 섬마을이었습니다. 그곳으로 실어다 주는 배가 다니는 곳을 미리 알아 둔 건 물론입죠.

다들 별말 없이 따라나섰습니다. 노비는 잘살든 못살든, 힘이 들든 안 들든, 노비 신분에서 벗어나는 걸 평생의 꿈으로 삼습니다. 자신도 자신이지만, 자식에게, 또 그 자식에게 노비 신분을 물려주게 되니까 그럴 수밖에 없지요. 쉬지도 못하고 아픈 발을 이끌며 계속 걸어야 하는 아이가 안쓰러웠는지 아내가 말을 붙였더랬지요.

"이렇게 도망치는 방법밖에 없는 겝니까? 차라리 돈을 열심히 모아 볼 걸 그랬지요?"

"면천되기 위해 돈을 모은다고? 임자는 얼마가 필요한지 몰라서 그래? 우리 식구가 다 면천되려면 쌀이 몇백 석은 있어야 한다고. 아니면 전쟁에서 공을 세워야 하는데, 나

하나 면천하자고 임진년에 일어났던 난이 또 일어나길 빌란 말인가? 그럴 순 없는 노릇이지."

난리 때 적에 맞서 용맹하게 싸우거나, 나라에 큰일이 났을 때 쌀이나 돈을 척척 내놓은 노비들이 있습죠. 이들을 면천시켜 줄 때면 나라에서 공명첩을 발급해 준답니다.

공명첩은 관직 앞에 이름만 비워 둔, 형식뿐이긴 하지만 해당 관직을 준다는 일종의 임명장입니다. 빈 곳에 이름을 써 넣는 순간 그 사람은 관직에 오른 게 되고, 관직에 올랐으니 양반에 속하게 되는 마법 같은 일이 벌어지지요.

우리 같은 노비들은 늘 공명첩에 이름을 써 넣는 꿈을 꿉니다. 요즘은 전쟁이 아니라도 공명첩을 받을 수 있는 기

회가 잦아졌습죠. 흉년에 배곯는 백성들을 구하려고 나라에서 큰 재산을 가진 노비들에게 쌀을 받고 공명첩을 내어 주거든요. 그 덕에 해방된 노비들이 꽤 되지만, 저처럼 돈이 없는 노비들에게는 그저 헛된 꿈일 뿐이지요.

도망칠 때 피해야 할 곳은?

노비
(구 오재삼)

도망을 치는 노비들은 보통 친척이 사는 마을이나 옛날에 살던 동네로 다시 돌아갑니다. 자신을 도와줄 사람이 필요하기 때문이지요. 하지만 그러면 백발백중 다시 잡힙니다. 노비를 놓친 주인이 추노꾼을 풀 때 제일 먼저 선택하는 곳이거든요. 저희는 그걸 알고 평생 한 번도 가 본 적이 없는 곳을 선택했습죠. 그것도 추노꾼이 끈질기게 쫓아오더라도 다시 잡아갈 수 없는 곳으로요!

그곳은 바로 북쪽의 국경 지역이나 남쪽의 섬입니다. 이런 곳은 나라에서 백성들이 옮겨와 정착하기를 권장하기 때문에, 주민의 머릿수를 늘이고자 이곳에 정착한 노비들은 다시 잡아갈 수 없도록 법으로 정해 놓았습니다.

대신에 정착한 노비들은 평소에 농사를 짓다가 비상시에 외적이 쳐들어오지 않는지 잘 살펴봐야 합니다. 만약 적이 쳐들어오면 힘을 합쳐 맞서 싸우고, 봉화를 피워 나라에 알려야만 하지요. 힘든 생활이긴 하지만 개간할 땅이 있어 좋고, 섬에 정착할 수만 있으면 안전하기에 노비가 도망치기로 이만한 곳이 없습죠.

나라 입장에서는 농토를 개간하니 좋고, 농사지어 세금을 내니 좋고, 외적을 감시하니 좋고, 1석 3조의 효과가 있어서 잡아가는 걸 금지한 거랍니다.

그래도 불안한지 아내가 또 묻습니다.

"섬에 가서 농토를 개간하려면 그때까지는 뭘 먹고 사나요? 차라리 광산으로 가는 게 낫지 않을까요? 거긴 보수도 꽤 좋다던데."

"섬에 도착하면 일단 이웃에게 빌려서 먹고 나중에 갚아야지. 광산에는 일자리도 많고 보수도 좋다지만, 잡히면 다시 끌려가는 처지가 아닌가?"

추적을 포기하지 않는 주인들

추노꾼

나는 도망친 노비들을 쫓는 추노꾼이오. 도망친 노비의 주인이 내게 돈을 주고 노비들을 잡아오라고 시켰다오. 이렇게 도망 노비를 다시 잡아들이는 것을 '추쇄'라고 하지요.

보통 노비가 도망치면 주인은 남은 노비들을 총동원해 갈 만한 곳을 뒤져 잡아오게 했소. 또 노비의 주인은 대부분 양반이니, 평소에 여기저기 지방 수령들과 친분을 쌓아 두 었다가 이럴 때 도움을 받곤 하지요. 하지만 깊은 산속이 나 오지에서는 다 소용없는 일이라오. 이런 곳은 우리 같 은 전문 추노꾼들이 최고지요.

소문을 듣자 하니 이번엔 도망친 노비들은 아무래도 섬으 로 도망갈 생각인가 본데, 그들이 배를 기다리는 동안 주 변 산으로 숨어들어 덮치기로 했지요.

아니, 그런데 숲속에서 도망친 노비들이 자그만 마을을 이 루어 살고 있지 뭐요? 나는 여러 노비 중 하나가 내가 찾던 노비가 맞는지 확인을 하고 또 했소. 어떤 못된 양반은 욕

심이 앞서서 이름이 같다는 이유로 자기 노비라고 우기거나, 자기 노비가 아닌데도 도망친 노비라며 잡아들이려는 경우가 있다오.

그런 양반 말만 믿고 함부로 노비를 잡아들였다가, 사실이 아니면 추쇄를 한 내가 처벌을 받기도 하지요. 그래서 나도 잡으려는 노비가 추쇄를 의뢰한 양반집 노비가 확실한지 반드시 확인해야만 한다오.

우리가 잡으려는 노비는 늘 다른 노비들과 함께 붙어 다니는 통에 쉽게 붙잡을 수 없었소. 나와 동료들은 밤이 되어 그가 혼자 되길 기다리며 주변 풀숲에 숨어 있었다오. 그런데 밖에서 속삭이는 소리가 들리지 뭐요?

"다들 몽둥이 들었지? 조용히 둘러싸고 치자고."

도망친 노비들에게 역으로 공격당할 위험에 처하다니! 우리는 추노꾼이 쫓는다는 걸 눈치챈 마을 장정들이 우리를 에워싸기 전에 겨우 도망쳤소. 자칫하다가는 목숨을 잃을 수도 있었는데 운이 좋아 살아남을 수 있었지요. 이번에는 실패했지만 다음에는 절대 놓치지 않을 거요!

잡힌 노비들은 어떻게 되냐고 물었소? 우리 손에 이끌려 주인에게 돌아간 노비는 즉시 잔인한 고문을 당하거나 지독한 매를 맞게 되지요. 주인한테는 도망친 노비가 죽어도 상관없을 거요. 도망치면 어떻게 되는지 다른 노비들에게 보여 주는 게 제일 중요하니까.

하지만 아무리 매를 쳐도 살아남으면 다시 도망가는 노비들이 많다고 하니, 매질이 별로 효과적이진 않은 것 같소. 뭐, 주인 역시 놓치고 또 놓치면 지옥까지라도 쫓아갈 사람들이지만.

그래, 주인 입장에서는 귀중한 재산인 노비를 쉽게 놓아줄 리가 없겠지. 그래도 노비들은 사람답게 살려고 죽기 살기로 도망쳤다고 해. 주인들은 또 그런 노비들을 잡을 때까지 포기하지 않았고.

도망친 노비를 잡으려는 양반들이 얼마나 집요했느냐 하면, 어떤 노비의 호적에는 나이가 200세로 적혀 있었다나? 도망친 노비가 늙어 죽었을 줄 알면서도 살아 있다고 가정하고 나이를 센 거야. 잡을 때까지 죽은 걸 인정하지 못하는 셈이랄까.

자유를 찾아 도망치는 노비와 자신의 재산인 노비를 지키기 위해 쫓는 주인들, 이들의 추격전은 신분제가 폐지될 때까지 계속되었어. 그렇다면 신분제가 슬슬 흔들리기 시작하는 이때, 도망치지 않고 남은 노비들은 어떻게 지냈을지 당시 상황을 조금 더 알아보자고.

영원한 신분은 없다

"조선 후기로 넘어가니, 노비들이 도망가는 게 대세인 듯한 느낌이 드는걸. 그럼 도망간 노비 말고 남은 노비들은 어떻게 살고 있을까? 조선의 재판정에 가 봐야 확실히 알 수 있을 텐데……. 이를 어쩐다? 어쩔 수 없이 나의 충실한 조수, 알파봇한테 또 부탁해 봐야겠군. 알파봇, 조선에 가서 무슨 일인지 좀 알아봐."

"이젠 갈지 말지 물어보지도 않고 막 보내려고 하시네요? 너무 노비 취급하시는 거 아니에요? 그리고 이렇게 절 자주 보내시면 이야기가 식상해지잖아요! 독자 생각도 좀 하셔야죠."

"이번이 마지막이야. 부탁할게, 친애하는 알파봇."

"흠……, 마지막이라고 말씀하시니 제가 믿고 갑니다. 절대로 노비 근성이 있어서 그러는 건 아니라고요!"

노비를 개돼지로 여기는 건 옛날 생각

여기는 다시 조선 시대, 재판이 벌어지고 있는 한 관아입니다. 도대체 어떤 일이 벌어지고 있는 걸까요? 오, 깨끗하게 차려 입은 차림새로 보아 마을에서 방귀깨나 뀔 것처럼 보이는 양반이 고을 사또에게 호소합니다.

"사또, 억울하옵니다. 노비를 마음대로 때리지도 못하다니요?"

"사또, 저는 저 양반 형님의 노비입니다. 자기 노비도 아닌데 마음대로 때리는 법이 어디 있습니까?"

"잘못을 했으니 때리지, 내가 괜히 때려? 그러니까 왜 내 말을 따르지 않냐고!"

"저희 주인댁 일이 급한데 막무가내로 저희를 데려다 일을 시킨 게 잘못되었지요. 우리가 다른 일을 하면 우리 주인댁 곡식은 다 썩지 않겠습니까? 그래서 안 간 건데 몽둥이찜질부터 하다니요?"

보아하니 동생이 형님네 노비를 때렸나 봅니다. 그래서 잘잘못을 가리는 중이로군요.

"에잇, 이놈들이 정말 봐줬더니 내 상투 위에 앉으려고 해? 옛날 같으면 양반이 죽으라 하면 죽는 시늉이라도 해야 하는 게 노비야. 네 주인이건 아니건 노비는 양반이 때리면 그냥 맞아야 한다고!"

"아, 정말. 세상이 바뀌었다고요! 노비를 말할 줄 아는 개돼지로 여기는 건 다 옛날 생각입니다. 이치가 맞지 않는데 참고 넘어가라는 게 대체 어디 법입니까요?"

노비인데 한마디도 지지 않네요. 양반 표정이 볼 만합니다.

"에이, 치사한 놈들. 차라리 돈을 주더라도 일하는 소작인을 구하는 게 낫지. 때가 되면 밥 줘야 해, 도망 못 가게 감시해야 해. 이게 어디 말만 노비지 상전 아닌가, 상전."

도망가도 일자리가 있다

양반이 흥분해서 떠들어 대도 노비들은 콧방귀만 낍니다. 참다못한 양반이 삿대질을 합니다.

"그래, 노비도 사람이라 이거지?"

"노비가 사람이지, 그럼 밭 가는 소인 줄 아셨수? 아니꼬우면 말씀대로 소작인 사서 일 시키든가요."

"그럼 네놈들은 뭐 먹고 살려고? 그나마 우리 집 일이라도 하니까 굶어 죽지 않을 정도로 곡식을 받은 게 아니냐?"

"거참, 이 양반이. 세상이 변했다니까 아직도 못 알아들으시네? 이제 일자리가 많다고요. 전국 팔도에서 노비를 부려 직접 농사짓는 양반이 얼마나 줄었는데요. 요즘은 땅을 빌려주고 수확한 생산물의 일

부만 받는 추세라서, 빌려주는 땅이 많단 말입니다. 여기 아니라도 다른 대지주한테 가서 땅을 빌려 농사지으면 그만이죠. 그럼 지금보다 훨씬 이득일 텐데. 그마나 그동안 먹여 주고 재워 준 의리로 붙어 있는 줄이나 아쇼."

맞아요, 지금은 조선 후기예요. 세상이 달라졌답니다. 조선의 산업 구조가 많이 변했다고나 할까요? 농사를 노비들에게 맡기면 대충 일하는 경우가 많았어요. 열심히 일해 봤자 자신에게 더 떨어지는 게 없으니 당연하지요. 의지가 없는데 강제로 시키려니 관리하기 힘든 건 두말하면 잔소리고요. 차라리 집에서 먼 땅은 소작농들에게 빌려주고, 거기서 난 농산물의 일부만 받는 게 훨씬 낫지요.

도망친 노비들은 먼 곳으로 숨어들어서 대지주가 빌려주는 땅을 얻어 농사를 지어먹고 살았어요. 농사지을 땅이 없으면 돈을 받고 머슴으로 일하기도 하고요. 그마저도 힘들면 광산에 가서 품삯을 받으며 일할 수도 있었지요. 이렇게 먹고살 길이 많아졌기 때문에 도망치는 노비들이 점점 늘어날 수밖에요.

서서히 무너지는 신분의 벽

가만, 드디어 사또가 판결을 내리려고 해요.

"형님의 노비를 데려다 일을 시키는데 형의 허락은 받았는고?"

"허락은 무슨 허락입니까요? 자기 집 일이 급하다며 외려 제 노비를 채어 가는 게 다반사인데."

"그럼 결론이 났군. 다들 들으라! 이번 일은 저 양반이 잘못했다. 자기 노비도 아닌데 막무가내로 끌어다 일을 시키려고 한 것이 첫 번째 잘못이요, 노비라는 이유로 함부로 때렸으니 두 번째 잘못이다. 영조 임금이 노비를 다시 잡아들이는 일을 금지했고, 정조 임금은 공노비들을 모두 해방시켰다. 노비를 잡아 두고 함부로 대하는 건 이런 임금의 뜻을 거스르는 일이다.

내 노비라도 합당하지 않는 이유로 때리는 건 잘못된 일일진대, 남의 노비가 내 일을 안 했다고 때리다니! 그건 있을 수 없는 일이다. 양반은 때린 노비들에게 사과하고 곡식으로 보상하도록 하라. 만약 실행하지 않으면 곤장을 치고 옥에 가두도록 한다."

흠, 사또도 어쩔 수 없다고 생각하나 봐요. 옛날 같으면 당연히 양반의 손을 들어 주었겠지요. 하긴, 애당초 노비는 아예 양반을 고소할 수도 없었겠네요.

주변을 둘러보니 판결을 지켜본 노비들이 돌아가며 수군대고 있어요. 노비에게 유리한 판결이 났는데, 왜일까요?

"공노비가 모두 해방되었다기에 우리 사노비도 금방 자유로워질 줄 알았더니 영 소식이 없네그려. 그냥 이렇게 기다려야 하나?"

"쉿, 입조심하게 이 사람아. 양반님들이 들으면 어쩌려고."

"뭐, 들리면 들으라지."

양반과 노비라는 신분은 하늘과 땅만큼 차이가 났는데, 조선 후기가 되면서 이제 예전만큼 차이가 크지 않게 되었어요.

이렇게 간격이 좁아지게 된 데에는 양반과 상민들도 한몫을 했어요. 양반들은 이미 누리고 있는 권력과 혜택을 놓치지 않으려고 발버둥쳤어. 친한 가문끼리는 서로 자식들을 과거 시험에 합격시켜 주기도 하고, 권세 있는 양반들은 돈을 받고 벼슬을 팔기도 했다나요?

정조의 아들인 제23대 임금 순조 시절부터 안동 김씨나 풍양 조씨 등의 가문이 조정을 쥐락펴락하게 되어요. 이를 '세도 정치'라고 부르

여기서 잠깐!

임금보다 강한 신하가 있다, 세도 정치

조선 후기 들어 임금의 외척, 그러니까 임금의 외가 쪽 유력 가문들이 권력을 차지한다. 특히 정조 이후, 순조와 헌종, 철종까지 3대에 걸쳐 안동 김씨와 풍양 조씨 등 몇몇 가문이 정권을 장악하고 나라의 정책을 좌지우지한 정치적 현상을 '세도 정치'라고 부른다.

세도 정치가 문제가 되었던 건, 권력을 독점한 소수의 가문이 벼슬을 팔아 재물을 모으는 등 심한 부정부패를 일삼았기 때문이었다. 무엇보다 세도가에 돈을 주고 벼슬자리에 오른 지방관들의 횡포가 극심했다. 탐관오리들은 투자한 재물보다 더 거두어들이기 위해 죽은 사람에게까지 세금을 매기는 등 갖은 방법으로 백성들을 쥐어짰다.

견디다 못한 농민들이 고향을 떠나 도망가는 건 흔한 일이었고, 참다못한 농민들이 봉기를 일으켜 전국적으로 퍼져 나가기도 했다. 세도 정치는 제26대 임금인 고종이 어린 나이에 즉위하여 고종의 아버지인 흥선 대원군이 실권을 장악할 때까지, 약 60여 년간 지속되었다.

는데, 이때부터 훨씬 더 심해지지요.

임금을 보필하는 양반들이 이 모양이니 상민들은 어땠겠어요? 당연히 돈 좀 있는 상민들은 세금과 군역을 지지 않기 위해 양반이 되고 싶어 했겠지요. 그래서 돈을 주고 양반의 족보를 사 조상부터 양반이라고 우기는 경우가 많았어요. 그렇게 주장하면서 몇 대가 흘러가면 진짜 양반이 되기도 했답니다.

양반들은 양반 지위를 내려놓지 않으려고 애쓰고, 상민은 양반이 되려 하고. 그러다 보니 어떻겠어요? 양반은 점점 늘어나고 상민은 점점 줄어들었어요. 세금을 내고 군역을 져야 할 중간 계층이 사라지는 거죠. 결국 세금 낼 사람이 하도 줄어들어서 나라에서는 공노비를 해방시키기까지 했다나요? 그런데도 조선 후기에 길 가다 만나는 사람 중에는 상민보다 양반이 더 많았다고 하네요.

이상으로 신분제의 벽이 서서히 허물어져 가는 현장에서, 인공 노비, 아니, 인공 지능 알파봇이 전해드렸습니다!

신분제 폐지를 향해 한 걸음씩

요즘은 누구를 데려다 마음대로 부려먹으려고 하면 큰일 나. 아무리 돈 많고 권세 있는 사람이 나한테 심부름을 시킨다 해도, 그 일을 해야 할 어떤 의무도 없지. 오히려 마음대로 시키려고 한 사람이 욕한 사발 먹을 각오는 해야 될걸? 사람 밑에 사람 없고 사람 위에 사람 없는 평등한 세상이니까 당연한 일이지.

그렇지만 조선 시대는 신분제 사회! 물론 조선 후기가 되면서 점차 신분제가 흔들리게 되지만, 하루아침에 그렇게 된 건 아니었어. 이미 오래전부터 양반도 없고 노비도 없는 세상으로 나아갈 발판을 놓은 사람들이 있었지. 신분제 사회에서 태어나 자랐는데, 당연한 걸 바꾸어 보겠다고 마음먹고 실행에 옮기는 건 쉬운 일이 아니었을 거야. 그 럼 어떤 인물과 노력이 있었는지 살펴볼까?

15세기 세종, 노비도 내 백성이다

제4대 임금인 세종이 아끼던 집현전 관리 중에 권채라는 사람이 있었어. 그런데 임금의 귀에 좋지 못한 소식이 들렸지. 권채의 여종 하나가 할머니가 위독하다는 소식을 듣고 미처 주인에게 물어볼 새도 없이 병문안을 갔는데, 이 사실을 안 권채가 여종을 집안에 가두었대. 그러고는 구더기 섞인 똥을 강제로 먹이는 벌을 주었다나.

이 소식에 세종은 크게 화를 냈어. 노비도 사람인데 함부로 죽이거나 학대해선 안 된다며 말이지. 원래 양반인 주인이 노비를 때리거나 죽여도 큰 문제가 안 되는 시절이었는데, 세종은 잘못되었다며 권채

를 조사하여 벌을 내리도록 했어.

앞서 여자 공노비에게 100일의 출산 휴가를 주었다던 얘기 기억나? 그런 조치를 취한 게 바로 세종이었어. 세종은 비록 조선에 뿌리내린 신분제를 없애지는 못했지만, 가장 천한 신분이었던 노비들의 고통을 최대한 줄여 주고자 노력했던 거야.

"노비는 비록 천민이나 다른 백성과 똑같이 하늘이 내렸다. 아무리 노비라도 죄 없는 사람을 죽여서는 안 된다. 노비가 죄를 지었든 아니든 관청에 알리지 않고 때리거나 죽인 자는 법에 따라 벌을 내릴 것이다."

16세기 이율곡, 공노비의 고통을 줄여 주자

전쟁이 나려고 그랬는지, 임진왜란 바로 전의 조선은 여러모로 뒤숭숭했어. 그래서 선조는 신하들에게 조선이 안고 있는 고질적인 문제를 해결할 수 있는 방법을 연구해 바치도록 했지.

수많은 대책 중에서 율곡 이이가 지은 《만언봉사》가 채택되었어. 그 안에 있는 대책 중 하나가 노비 제도를 고치자는 주장이야. 공노비의 경우에 의무 부역 기간 동안 스스로 먹을 것, 잘 곳을 마련하지 못해 고통이 무척 컸거든. 그래서 부역의 고통을 면하고자 물건으로 바치려 하면, 중간에 아전들이 농간을 부려 경제적인 부담을 두 배로 져야 하는 고통을 겪고 있었어.

"공노비들의 고통이 극심하니 각 노비 기록을 조사하여 몸으로 하는 일은 모두 없애고 물건으로 바치게 하되, 남자 노비는 베 2필 여자 노비는 1필 반을 바치도록 해야 합니다. 이때 거둔 베를 조사된 노비의 수와 꼭 맞도록 하면 노비들은 정해진 양만큼만 내면 되므로 고통이 줄어들 것입니다."

17세기 유형원, 노비의 수를 줄여 나가자

실학자 유형원은 노비 제도를 누구보다 강하게 비판한 사람이야. 실학자들은 신분 제도 자체를 부정적으로 바라보는 경우가 많았어. 답답할 정도로 꽉 짜인 신분 제도로 인해, 조선 사회가 경제적·사회적으로 많은 제약을 받는다고 여겼거든.

"우리나라는 노비를 재물로 생각한다. 대체 사람이 같은 사람을 재물로 여길 수 있겠는가? 노비 제도는 불합리하므로 없애야 한다. 하지만 한번에 없애기는 힘들기 때문에 우선 그 수를 줄여야 한다. 부모 한쪽이 노비면 그 자식은 무조건 노비가 되는 법을 없애고, 어머니가 노비일 때만 그 자식을 노비로 삼아야 노비의 수를 줄일 수 있다."

18세기 정조, 공노비부터 없애겠다

정조는 백성을 사랑하기로 유명한 임금이야. 물론 정조가 사랑한 백성 안에는 당연히 노비도 포함이 되지. 정조는 노비에 대해 이렇게 말할 정도였어.

"내가 임금 자리에 오르면서부터 늘 걱정스러운 것이 있었는데 노비에 관한 문제다. 노비들이 당하는 고통은 뼈에 사무쳐서 안타깝기 그지없다. 해서 내 몸에 늘 병이 있는 것처럼 느껴지곤 한다. 백성들의 고통을 덜기 위해 도망간 노비를 잡아오는 노비 추쇄법을 없애도록 한다. 또한 공노비들부터 해방시키도록 하겠다."

하지만 공노비를 해방시키려던 정조의 계획은 신하들의 반대에 부딪혀 실현되지 못했어. 그러다 결국, 정조가 죽고 난 다음 해인 1801년에 실행되었지.

1886년 고종, 노비 세습제를 폐지하라

1884년, 일본 문물을 받아들여 나라를 부강하게 하자는 개화파들이 정변을 일으켰어. 갑신년에 일어나 '갑신정변'이라고 불리는 정변은 비록 실패로 끝났지만, 신분 제도를 없애야한다는 그들의 주장을 고종 임금은 심각하게 받아들였어. 그래서 노비 세습제를 전격 폐지했지. 이제 노비 신분이 대물림되는 일이 없어진 거야!

"개인 집에서 한번 노비로 태어나면 평생 부림을 당하고 그 자식들도 계속 물려받아 노비 처지에서 벗어날 수 없다. 이것은 내가 올바르고 어진 정치를 하는데 흠이 된다. 노비 신분은 당대에만 그치도록 하고, 그 자손에게 대물림되지 않도록 모든 대신들이 토의하여 발표하라."

3일 동안 천하를 얻다, 갑신정변

조선의 수재라 일컬어지던 양반 가문 출신의 젊은이들인 김옥균, 박영효, 서광범, 서재필. 당시 청나라의 간섭을 받던 조선에는 일본의 근대적 개혁인 '메이지 유신'을 본받아 조선도 하루빨리 청나라의 영향력에서 벗어나 근대 국가로 나아가야 한다고 주장하는 개화파가 있었다. 위에 언급한 젊은이들이 바로 개화파의 대표적인 인물들이었다.

1884년, 이들은 우편을 담당하는 관청인 우정총국에서 열린 축하연에서 정변을 일으켜 정권을 장악한다. 이 사건을 '갑신정변'이라고 부른다. 개화파는 정부를 새롭게 구성하며 개혁에 나섰으나, 청나라 군대의 개입으로 3일 만에 실패하고 만다. 갑신정변은 조선의 자주권을 지키려던 급진적인 근대화 운동이었으나, 일본에 의존해서 추진했다는 한계를 안고 있었다. 결국 개화파 인사들이 일본과 미국 등지로 망명하면서 갑신정변은 막을 내린다.

1894년 전봉준, 신분 차별을 철폐하라

전라도의 농민들이 탐관오리들의 부패에 항거해 봉기를 일으켰어.
바로 '동학 농민 운동'이야. 이들은 노비 문서를 불태우고 노비의 해방
을 부르짖었지. 신분 차별을 철폐하고 모두가 평등한 세상을 만들자
는 주장이었어.

비록 최신 무기로 무장한 일본군의 개입으로 동학 농민 운동은 실
패했지만, 농민들의 요구는 갑오개혁 안에 포함되었어. 1894년, 마침
내 수백 년간 내려오던 신분 차별의 벽이 무너진 거야!

"노비를 모두 없애고 사람을 사고파는 일을 금지하라!"

1896년 독립 협회, 아직도 노비를 소유한 자는 반성해야

독립 협회는 〈독립신문〉에 노비 제도를 비판하는 글을 실었어. 갑오개혁으로 노비 제도가 폐지되었지만, 노비들은 여전히 주인집에 머물며 노비로 일하는 경우가 많았거든. 게다가 양반들은 체면이 서지 않는다며 계속해서 노비를 부리려고 욕심을 내는 상황이었지. 독립 협회는 그 점을 강하게 비판했어.

"평등권은 하늘이 준 것이므로 누구도 사람을 부리거나 사고팔 수 없다. 그런데 일부 권세가들은 아직도 노비를 부리며 사고팔기도 한다. 진정한 평등을 이루어야 나라가 부강해질 수 있다. 미국 남북 전쟁에서 북부가 승리를 한 것도 노예를 해방시켰기 때문이다."

신분 제도가 굳건히 뿌리내렸던 조선 시대에도, 같은 사람끼리 차별하고 한쪽이 다른 한쪽을 착취하던 문제를 그냥 두고 보지만은 않았다는 게 어쩐지 위로가 되는 것 같아.

자, 그럼 이제 슬슬 정리를 해야겠다.

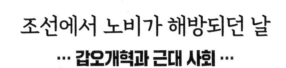

조선에서 노비가 해방되던 날
… 갑오개혁과 근대 사회 …

1894년 1월, 전라도 고부 군수 조병갑이 폭정을 일삼자 이에 분노한 농민들이 봉기를 일으켰다. 농민들은 조정으로부터 농민들의 요구 사항을 반영하겠다는 답을 받고 일단 철수하지만, 시정되는 게 없을뿐더러 오히려 동학교도들을 탄압하자 재차 봉기하여 전주성을 점령한다. 이 봉기가 이른바 '동학 농민 운동'이다!

관군이 속속 격파당하자 위기감을 느낀 조정은 청나라에 도움을 요청한다. 그런데 청나라 군대가 들어오자 일본 군대도 따라 들어왔다. 청나라와 일본이 맺은 '톈진 조약'에 의하면 한 나라가 조선에 군대를 파병하면 다른 나라도 똑같이 군대를 보내게 되어 있었기 때문이다. 당연히 한반도에서 만난 청나라 군대와 일본 군대 사이에 군사적 긴장감이 높아질 수밖에. 결국 이는 청·일 전쟁이 일어나는 도화선이 된다.

이후 동학 농민 운동은 최신 무기와 근대식 훈련으로 무장한 일본군에게 우금치 전투에서 패하며 막을 내리지만, 고종은 농민들의 요구를 받아들여 개혁을 추진한다. 이것이 바로 '갑오개혁'이다.

하지만 갑오개혁은 사실 청·일 전쟁에서 승리한 일본의 입김이 작용한 반쪽짜리 개혁이었다. 따라서 일본이 예민하게 받아들일 수 있는 국방이나 경제 분야에서 자주적인 개혁을 할 수 없는 상황이었다.

대신에 사회적인 부분에서는 근대적인 개혁을 실시하는데, 1894년에 시작된 제1차 개혁안 213건 중에는 몇 가지 희소식도 포함되어 있었다.

[갑오개혁 제1차 개혁안]

* 계급을 타파하여 신분의 귀천에 얽매이지 않고 인재를 뽑아 쓴다.

* 과부의 재혼은 귀하고 천함을 따지지 않고 자유에 맡긴다.

* 노비 제도를 폐지하고 사람을 사고파는 일을 금지한다.

* 과거 시험으로 관리를 뽑아 쓰는 건 바람직하지 않으므로 폐지한다.

과거 제도가 없어지고 과부의 재혼이 허용되는 건 물론, 드디어 노비 제도가 폐지된 것이다! 꾸준히 조선 인구의 삼분의 일을 차지하던 노비가 해방되니 아마도 많은 변화가 있었을 것이다. 노비가 없으니 노비를 관리하는 관청도 없어질 테고, 도망간 노비를 잡아들이던 추노꾼도 직업을 잃게 될 것이고, 양반들은 손수 세수하고 직접 말을 몰고 출근하고……

물론 모든 게 그렇게 갑작스레 변하지는 않았다. 노비들은 당장 양반 집에서 일을 하지 않으면 먹고살 길이 막막했다. 심지어 솔거 노비는 집도 내놓고 나가야 할 상황이니, 오늘부터 노비가 아니라 하더라도 경제적으로 예속될 수밖에 없었다. 양반이 싫다고 해도 알아서 세숫물을 떠 오는 상황이 줄을 잇지 않았을까?

물론 시원하게 다 때려치우고 날품팔이를 하거나 광산에 일을 하러 가는 사람들도 있었다. 아무튼 이제 내키는 대로 일을 할 수 있고, 직업도 스스로 정할 수 있으며, 양반에게 억울하게 매를 맞거나 죄를 대신 덮어쓰는 일이 없어졌으니 얼마나 살 만했을까?

무엇보다 사람으로서 대접을 받을 수 있게 되었다는 점만으로, 노비들은 갑오개혁을 전폭적으로 지지했을 것이다.

신분제 폐지 이후의 사회 변화

드디어 노비가 해방되었다! 동시에 과거 제도가 폐지되면서 양반과 상민, 천민의 구분도 점차 희미해졌다. 이제 신분에 상관없이 자본이 많거나, 외국어에 능통하거나, 장사 수완이 있거나, 아니면 외국 세력에 줄(?)을 댈 수 있는 사람이 부자가 되고 출세하는 세상이 왔다.

그런데 이렇게 모든 것이 변화하는 중에도 처우가 바뀌지 않는 신분이 있었다. 천민 중에서도 마지막까지 차별을 받은, 바로 '백정'이다.

앞서 얘기했듯이 백정 역시 노비와 같은 여덟 가지 천한 직업 중 하나였다. 갑오개혁으로 신분제가 철폐되고 새로운 세상이 열렸지만, 백정에 대한 신분적인 차별은 계속되었다. 상투를 틀거나 비녀를 꽂지 못하는 건 물론이고, 백정이 있는 자리에는 사람들이 함께 앉으려고도 하지 않았다. 1900년대 초, 외국의 선교사가 예배당에서 백정들을 일반 신도들과 함께 합석시키려 하자 소수의 신도만 남고 죄다 일어나 나가 버렸다는 기록이 남아 있을 정도다. 신 앞에 모든 이의 평등을 가르치던 예배당에서조차 이런 일이 있었을 정도니, 평소에 어떤 취급을 받았을지 충분히 짐작할 수 있을 것만 같다.

1923년, 경상남도 진주에서 백정의 자녀라는 이유로 학교 입학을 거부당하는 사건이 발생하자 '형평사'라는 단체가 설립된다. 백정이던 이학찬이 자신과 뜻을 함께 하는 사람들을 모아 백정들의 신분 해방과 처우 개선을 바라는 목소리를 높이기 시작한 것이다!

형평사는 만들어진 지 일 년 만에 육십 여개의 분사를 거느린 커다란 조직이 되었고, 사회 운동과 교육 운동, 한

1920년대에 만들어진 조선 형평 운동을 알리는 포스터. ©Wikimedia Commons

발 더 나아가 학생·노동자 단체와 연합하여 항일 운동에 적극 참여하기까지 한다.

백정들이 만든 단체인 형평사와 그들이 주도한 신분 철폐 운동은, 급격히 세를 불리는 걸 못마땅하게 지켜보던 일제가 본격적으로 나서 탄압하는 바람에 곧 명목만 유지하는 친목 단체로 약화되고 만다.

형평사는 갑오개혁 이후로도 사회 곳곳에 남아 있던 신분제의 모순을 정면으로 드러내어, 평등한 세상으로 나아가는 계기를 마련했다는 평가를 받는다. 신분제 철폐가 임금이 선언해서 딱 이루어진 게 아니라, 천민들역시 적극적으로 나서서 쟁취했다는 하나의 예시일 것이다.

아무튼 백정에 대한 차별은 일제 강점기 내내 계속 되었고 '한국 전쟁'이라는 커다란 전쟁을 겪고 나서야 겨우 없어졌다고 하니, 백정이야말로 '마지막 천민'이라 불릴 만하다.

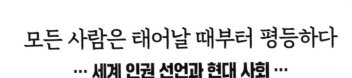

모든 사람은 태어날 때부터 평등하다
… 세계 인권 선언과 현대 사회 …

우리는 사람이 사람을 '차별'하는 걸 볼 때 자연스럽게 분노하게 된다. 여기서 차별이란, 신분은 물론, 인종, 성별, 지역, 종교, 국적, 빈부, 외모 등 태어나면서부터 갖고 태어나 개인의 의지로 쉽게 바꿀 수 없는 것에 대한 차별을 의미한다.

그런데 의외인 건, 전 세계 사람들 모두 이런 생각을 함께 '공유'하게 된 건 오래되지 않았다는 사실이다. 수많은 인류가 희생되었던 제1차 세계 대전과 제2차 세계 대전이라는 큰 전쟁을 겪고 나서야, 이런 일이 또다시 벌어지지 않도록 사람이라면 누구나 지켜야 할 윤리 기준을 만들게 되었으니 말이다.

1948년 12월 10일, 국제 연합의 오랜 노력이 결실을 맺었다. 유엔 총회에서 '세계 인권 선언'을 공식적으로 채택한 것이다. 물론 선언서가 채택되기까지 순조롭기만 했던 건 아니었다. 모두 찬성하는 선언문의 조항과 단어를 선택하기 위해, 당시 유엔 가입국이던 60여 개 국가가 2년이 넘는 시간 동안 1,400여 번이나 투표를 할 정도였단다.

이렇게 탄생한 '세계 인권 선언문'은 종교와 정치, 문화와 전통을 막론하고, 인류가 지켜야 할 올바른 정신을 오롯이 담고 있다. 선언문은 발표

이후 발생한 모든 인권 운동의 원동력이 되었고, 수많은 국제 조약과 각
나라의 헌법에 녹아들어 활용되었다.

[세계 인권 선언문]

　　제1조 모든 사람은 태어날 때부터 자유롭고, 존엄하며, 평등하다. 사람은
이성과 양심을 갖고 있으므로 서로를 형제애의 정신으로 대해야 한다.

　　제2조 모든 사람은 인종, 피부색, 성, 언어, 종교, 정치적 견해, 재산의 많
고 적음 등 어떤 이유로도 차별받지 않으며, 이 선언에 나와 있는 모든 권리
와 자유를 누릴 자격이 있다.

　　제4조 어느 누구도 노예가 되거나 타인에게 예속된 상태에 놓여서는 안
된다. 노예 제도와 노예 매매는 어떤 형태로든 일절 금지한다.

세계 인권 선언문이 채택되었다고 해서
갑자기 전쟁이나 분쟁, 차별 등이 싹 사라
진 건 물론 아니다. 하지만 불평등한 일을
겪는 사람이면 누구나 목소리를 낼 수 있
게 되었다는 점에서, 희망을 향해 한 발짝
나아갔다고 여겨진다.

가장 중요한 건, 앞서 얘기했듯이 전 세
계 모든 지역이 세계 인권 선언을 채택하
면서 인류가 '인권'에 대해 똑같은 생각을
공유하게 되었다는 점일 것이다.

1949년 11월, '세계 인권 선언' 초안 작성에 큰
공헌을 한 엘레노어 루스벨트가 유엔에서 발행
한 포스터를 살펴보고 있다. 선언문에는 '인간의
권리'가 지켜지길 바라는 인류의 소망이 담겨
있으며, 만들어진 취지에 걸맞게 350여 개 이상
의 언어로 번역되었다. ⓒ루스벨트 도서관

누가 조선의 주인공인지 가려 볼까?

어이쿠, 결론을 내리려는데 어떻게 알고 양반과 상민, 노비 대표가
연구소로 찾아왔지 뭐야. 누가 조선을 이끈 주인공인지 확실하게 알
려 주겠다나? 그럼 한번 들어나 보자고.

멍 박사

자, 어서 오세요. 지금은 모두 평등한 세상이니까, 서로 존
댓말을 써 주셔야 합니다. 목소리를 높이는 정도는 괜찮습
니다만, 멱살을 잡거나 비속어를 쓰시면 안 됩니다! 그럼
양반님부터 시작하실까요?

오백 년 조선을 대표하는 신분은 어느 쪽일까?

양반

나는 양반 대표……, 요. 아무리 세상이 달라졌다지만 노비에게까지 존댓말을 하라니 너무하구먼. 뭐, 규칙은 규칙이니 일단 지키도록 하지. 흠흠.

오백 년 조선을 유지한 원동력이 어디서 나왔냐고? 당연히 양반이지. 생각해 보시오. 이율곡, 이황 등등 유명한 학자들이 누구요? 다 양반이지. 위대한 장수 이순신, 김종서는 또 어떻고? 황희나 유성룡처럼 훌륭한 정치인? 모두 양반이지요. 조선을 누가 이끌었느냐고? 당연히 양반이지 않겠소. 당최 당연한 걸 왜 토론하자는 건지 모르겠군.

상민

아니, 아니, 여기서 잠깐! 그렇게 위대한 양반들이 탄생할 수 있었던 건 우리 상민들의 희생 덕분이라고 생각하지 않습니까? 세금도 대신 내, 군대도 대신 가, 틈틈이 부역도 해, 우리는 과거 시험을 볼 수 있는데도 불구하고 '농사가 천하의 근본'이라는 나라님의 말씀을 따르고자 불철주야 노력했지요.

거기 양반님 노비님, 당신들 세금 내 봤소? 군대에서 눈물 젖은 건빵, 아니 눈물 젖은 누룽지 먹어나 봤소? 비록 양반에게 업적에서 밀려, 노비에게 억울함에서 밀려, 존재감은 떨어진다지만 나라가 굴러갈 수 있었던 건 결국 상민이 있어서 가능했던 거지요. 막말로 나라님이 제일 신경 쓴 게 뭐였소? 바로 우리 상민의 머릿수 아니겠습니까?

노비

우리가 세금을 안 내고 싶어 안 냈습니까? 아예 백성 취급을 안 해 주니 못낸 거 아닙니까? 우리가 위인이 되고 싶지 않아서 안 되었습니까? 아예 기회를 주지 않으니 못한 거 아닙니까? 무슨 일이든 시켜 주기만 했더라면 노비도 잘했을걸요?

실제로 우연히 기회가 있었던 사람 중에 유명한 사람도 많습니다. 면천되어서 재상까지 오른 반석평이 있고, 의술로 이름을 떨친 허임도 노비 출신이지요. 일본 땅까지 가서 울릉도가 우리 땅이라고 분명히 알린 안용복도 노비였고요. 그뿐인가요? 조선 시대 최고의 과학자인 장영실도 노비 출신인 거 다들 아시죠? 그리고 훌륭한 음악가들은 대부분 노비 출신이었지요. 양반들만 위대하고 훌륭한 일을 한 게 아니라고요. 훌륭한 일을 할 기회가 적은, 아니 절대적으로 없는데 이정도면 확실히 노비 쪽이 위인이 될 확률이 높다고 볼 수 있겠지요.

양반

아니, 양반 체면에 의술이라니……. 게다가 음악? 과학·기술? 말도 안 돼. 양반이란 그렇게 잡스러운 일을 하는 사람이 아니요. 몰라서 그러나 본데, 세상과 초연하게 마주 앉아 책을 읽고 세상의 법도와 도리를 고민하는 것이 양반의 주 임무라니깐.

상민

법도도 배가 부르니까 하는 소리지요. 우리가 내는 세금을 녹으로 받지 않았다면, 세상의 법도를 고민하기는커녕 모내기하랴 김매랴 추수하랴, 일 년 365일 동안 농사일에 눈코 뜰 새 없으셨을 텐데요.

노비

맞는 말씀입니다. 농사일은 둘째치고 옷도 혼자 못 입는데 법도는 무엇이고 도리는 무어랍니까? 우리가 잡다한 일을 해 주지 않았다면 어떻게 양반 체면을 지키며 살았겠냐고요. 세숫물 하나 직접 못 뜨고, 옷도 혼자 못 입는데 말이죠. 우리 노비들이 없으면 아마 밥도 못 해 먹어서 굶어 죽었을 걸요?

위기를 극복한 원동력은 무엇일까?

양반

무슨 소리? 궁해지면 직접 해 먹지 설마 굶을까? 임진왜란 같은 난리통에는 양반도 직접 농사짓고 장사도 했다고. 상민이고 노비고 다 도망가 버렸으니……. 아, 참, 임진왜란! 맞아, 전쟁이 일어났을 때 나라를 구한 게 누구요? 양반이잖소? 임진왜란 때 백성들이 왜놈들에게 죽는 걸 보고 전국의 양반들이 의병을 일으켰지. 자신들의 재산을 털어 마을 주민과 노비들을 이끌고 나라를 지키기 위해서 일어났단 말이오. 곽재우니 고경명이니 하는 의병장들이 스스로 나서지 않았다면 우리는 왜놈들에게 졌을 게요. 그리고 임진왜란을 평정한 영웅 이순신은 상민이오, 천민이오? 양반이지! 그러니 조선을 이끈 주인공은 명명백백 양반이라 주장하는 바요.

노비

의병을 일으켰을 때 의병장 하나에 의병들이 몇 명이었던 가요? 수백, 수천 명의 의병이 모두 양반은 아니었잖아요. 대부분 의병장은 일단 자신의 집안 노비들을 부하로 삼았어요. 또 이순신 장군이 명량해전에서 승리를 거둘 때 거북선 바닥에서 손바닥에 피 터지도록 노를 저은 사람들이 누굽니까? 우리 같은 천민들이었지요. 양반 못지않게 노비도 나라를 구하는 데 큰 공을 세웠다, 이 말씀이에요.

상민

양반이 이끌고 노비가 부하로 활약해 봤자죠. 의병의 머릿수는 누가 다 채웠겠습니까? 양반이나 노비가 있으면 얼마나 있으려고요? 다 상민들이 몸통이 되어 든든하게 지지한 것이지요.

노비

상민이야 그럴 의무가 있었으니까 당연하지요. 하지만 노비는 군역을 질 의무가 없었어요. 그런데 임진왜란 후에는 전쟁 기간뿐 아니라 평소에도 군대에 가 훈련을 받고 나라를 지켰지요. '속오군'이라고 들어 보셨지요? 조선 후기에 새로 꾸린 군대 속오군은 대부분 노비들이었다고요. 그에 반해 양반은 절대 군역을 지지 않았잖아요. 군역을 지기 싫어 말단 관직이라고 얻으려고 기를 썼지요. 그뿐인가요? 비록 공명첩 때문이긴 하지만, 전쟁 때나 흉년에 엄청

난 양의 식량을 무상으로 내놓은 사람들은 누구인가요? 양

반이 아니죠. 죄다 노비였어요.

상민

이건 짚고 넘어가야겠습니다. 그런 난리를 막기 위해 상민

들이 평소에 피땀 흘려 군역 지고, 군포를 낸 거 아닙니까?

성벽 튼튼하게 쌓고, 배 만들고, 날랜 병사들 키우라고요.

그런데 방만하게 경영하다가 위기를 자초한 게 누구입니

까? 위대한 양반들이 위기를 극복하는 데 큰 몫을 했다는

건 인정하지만, 평소에 잘했으면 그런 난리 자체가 일어나

지 않았겠지요. 결국 남아서 뒤치다꺼리하는 건 우리 상민

들이니……, 하고 싶은 말이 참 많습니다그려.

신분 제한 없는 군대, 속오군

조선 시대 초기에는 변방의 중요한 지점에 군사 기지를 설치해 외적을 막는 지방 방어 체제를 유지했다. 하지만 변방의 수비가 무너지면 대책이 없다는 게 문제였다. 그래서 지방 각 군현의 수령이 지방군을 통솔하기도 하고, 중앙에서 파견한 장군이 내려와 지방 수령이 모아 놓은 군대를 이끄는 방식으로 바뀌기도 한다. 하지만 임진왜란이 일어나면서 '속오군'을 만들게 된다.

속오군은 신분의 구별 없이, 양반을 비롯해 상인과 천민 모두를 포함하는 군대였다. 각자 생업에 종사하면서 농사를 쉬는 겨울철에 훈련을 받고, 비상사태가 발생하면 전투에 참여하는 방식으로 유지되었다. 하지만 자비를 들여 훈련을 받아야 한다는 점과 양반들이 천민과 함께 훈련받는 걸 기피하는 통에 점차 천민만 남은 군대가 되고 말았다. 조선 후기에는 거의 이름만 남은 상태가 되어, 지방에서는 동원할 수 있는 군대가 없었다고 한다.

양반

허허, 이 사람들이 참. 정치를 안 해 봤으니 그렇게 쉽게 얘기하지. 콧구멍만 한 집안 살림살이하고 공룡같이 거대한 나라 살림살이하고 같나, 쯧쯧. 그리고 상민은 양반이 되려고, 노비는 노비 신분에서 벗어나는 면천을 하려고 식량을 내놓아 공명첩을 산 게지. 어디 굶어 죽는 사람들을 살리려는 순수한 마음이었다고 할 수 있겠나? 게다가 그런 방법을 생각해 낸 것도 다 양반이었다고.

정치와 경제를 이끈 주역은 누구일까?

노비

슬쩍 묻어 가시려고 하는데 그건 아니죠. 생각해 낸 게 아니라 어쩔 수 없으니까 그런 군색한 방법이나마 꺼내 놓은 거 아닙니까?

양반

묻어 간다고? 아니, 그런 상스러운 말을 하다니! 그렇다면 내가 진짜 근거를 대 보겠소. 조선을 다스린 영의정, 좌의정, 육조 판서가 양반이요, 노비요? 양반들이 법을 만들고, 나라가 더 잘 굴러갈 수 있도록 방법을 생각해 낸 거 아니오? 조선이 오백 년 동안 굴러오면서 생긴 문제에 대해 고민하고 해결한 사람들이 다 양반이라고.

상민

하지만 우리 상민들이 징과 꽹과리를 치며 임금님 행차를 막아서고, 탐관오리에 맞서 머리에 띠 두르고 일어서야만 '아, 뭐가 잘못되었구나.' 하고서 바꾸는 시늉이라도 한 적은 또 얼마나 많습디까? 우리가 적극적으로 요청해서 나라가 바뀐 적도 있다, 그 말이지요. 백성들 살림살이에 고민하던 양반도 있었지만, 한편으로는 권력을 누리며 신분 유지에만 급급했던 양반들도 많았던 게 사실이니까요. 그러다 서로 안 맞으면 입씨름만 하고…….

노비

맞아요, 입으로 이끄셨겠죠. 일해라절해라 말로만 떠들고 일은 우리 노비가 다 했잖아요. 높으신 영의정 나리가 우

거, 진짜 입만 살아서!

맷돌 설계한 건 우리거든!

리 없으면 관청에 출근이나 할 수 있었겠어요? 우리가 가마를 끌고, 우리가 길을 텄죠. 어디 이뿐입니까? 각 관청에서 실제로 일을 한 사람은 우리입니다. 예를 들어 봅시다. 예조에서 사치하는 사람 잡아들여라, 도성에 불이 나지 않는지 감시해라, 이렇게 말하면 실제로 사치하는 사람을 잡아들이고, 도성의 화재를 감시하는 사람은 누굽니까? 관청의 노비들이에요. 그거 아세요? 불이 나면 물통 들고 뛰는 사람도 역시 노비지요.

양반

일해라절해라가 아니라 이래라저래라거든? 그리고 임금이 행차할 때 불만을 표시하는 방안을 생각해 낸 것도, 불이 나면 각 관아에 정해진 노비 몇 명씩 물통 들고 뛰어라 하는 규칙을 정한 것도 양반이오. 그런 규칙을 미리 안 정해 두면 어떻게 불을 끄겠소? 어떤 행동이 범죄인지 알리고, 어떻게 처벌할지 정해 놓지 않으면 질서를 어떻게 유지하겠냐고?

상민

계획만 짜 놓고 실제로 실행하지 않으면 다 소용없지요. 나랏일뿐입니까? 농업, 수공업, 상업 다 마찬가지예요. 조선에서 농사를 짓고 장사를 하는 중심이 누굽니까? 바로 상민이지요. 땅을 경작하고, 전국 팔도에서 장사하고, 갖은 물건을 만드는 주역인데, 상민이 주인공이 아니라고 할 수 있나요? 양반은 상민들 일 잘하라고 판 깔아 주고, 노비는 그걸 옆에서 도운 것뿐이잖아요.

양반

그야 양반은 땅이 많고 돈이 많으니까 직접 일할 필요가 없어서 안 한 거지. 대신 농사 잘 지으라고 모내기하는 법 책으로 만들어서 온 백성에게 알려 줘, 상업 권장한다고 상평통보 같은 화폐 만들어 줘, 세금 내기 편하도록 쌀로 통일해 줘, 이런 거 전부 다 양반들이 만든 거래도?

노비

어째 말이 점점 짧아지시는 것 같은데, 기분 탓이겠죠? 긴 말 필요 없고 조선을 유지시키고 굴리는 데 가장 많은 일은 한 신분은 우리 노비입니다. 모든 분야에서 소리 소문 없이 허리가 휘도록 일을 하고, 나랏일의 잡다한 업무를

여기서 잠깐!

물건보다 나은 돈, 상평통보

조선 제16대 임금인 인조 시절, 조선 시대를 대표하는 화폐인 '상평통보'가 첫선을 보인다. 하지만 생각보다 결과가 신통치 않아 유통이 중지되었다가, 제19대 임금인 숙종 시절에 다시 유통된다. 조선 후기에 지방의 장시가 활발해지고 전국을 활보하는 대상인들이 생겨나면서 활발히 유통되었으며, 세금이나 품삯을 상평통보로 지불하기도 했다. 이후 재료를 아끼기 위해 크기가 조금씩 작아지는 등 우여곡절을 겪기도 했지만, 1894년 발행이 중단될 때까지 꾸준히 유통되었다.

말아 실행하고, 문화 예술까지 이끈 게 우리 노비라고요.

양반

천만의 말씀! 조선의 주인공은 우리 양반이야. 법을 만들고, 나랏일 계획하고, 문제가 생기면 해결한 우리 양반이지. 실제로 일을 한 건 상민이나 노비일지 몰라도, 그렇게하도록 지휘한 건 양반이라고!

멍 박사

어이쿠, 여러분 토론 잘 들었습니다. 이렇게 토론을 해 보니까 각자 어떤 역할을 했는지 정리가 되는군요. 여기까지와 주셔서 대단히 감사합니다!

머리와 손발이 하나 되어

이제 답을 내릴 때야. 조선을 이끌어 온 주인공은 과연 누굴까?

금수저를 물고 태어난 양반은 평생 편안하고 풍요로운 삶을 살았을 것 같아. 그런데 가만히 속을 들여다보면 양반도 나름 고단했더라고. 십 년 이십 년 공부해서 과거 시험 봐야지, 관직에 오르더라도 까딱하면 유배 가야지, 평생 손님 접대하고 조상 제사 지내야지……. 그럼에도 관리로서 나랏일에 최선을 다하고, 위기의 순간에 헌신했으니 조선을 이끈 주인공 같아 보여.

철수저를 들고 태어난 상민은 머릿수가 가장 많았어. 그래서 농업 국가였던 조선에서 항상 경제의 중심에 서 있었지. 조선의 나라님이 인정한 '뿌리'로서 자부심 뿜뿜이었달까? 게다가 상민이 내는 세금으로 나라를 운영하고, 상민이 종사하는 군역으로 나라를 지켰으니, 조

	양반	상민	노비
특징	최고 지배 신분. 과거를 통해 관직에 오를 수 있는 특권을 지님.	가장 많은 머릿수를 차지, 나라님의 주요 관리 대상. 과거 응시 자격은 있으나 경제력이 없어 거의 불가능.	최하층 피지배 신분. 나라와 주인을 위해 주어진 의무를 다해야 함.
역할	관리가 되어 조선의 정치, 외교, 국방, 경제 등 핵심 업무를 지휘함.	농업, 상업, 수공업 등 조선의 경제를 이끌어 가는 중심 세력.	주인집의 잡일과 농지 경작, 관청에서 몸을 움직여야 하는 실무를 담당.
장점	최고 계층으로서 특권을 누림. 관리가 되어 녹봉을 받아 재산을 모음.	농민으로서의 자부심이 있음. 혼인, 이사, 재산 소유 등의 자유가 허락됨.	세금과 부역의 의무 없음. 스스로 노력해 모은 각자의 재산을 소유할 수 있음.
단점	관리로서 유배 등의 위험성, 양반으로서 체통과 체면을 위해 불편 감수.	나라에서 정한 세금과 공물을 바쳐야 하고, 군대를 가야 함. 여기에 부역은 덤.	주인의 명령에 따라야 하고 자유가 없음. 억울하게 핍박 당하는 경우가 많음.

선을 이끈 주인공이라고 할 수 있을 거 같아.

흙수저를 업고 태어난 노비는 농사짓고, 집안일하는 와중에 자기 재산을 불려 노비 신분에서 면천될 꿈을 꾸며 살았어. 물론 돈이 없는 노비는 도망을 치기도 했지. 그렇지만 조선 사회 구석구석에서 양반의 손과 발이 되어 일했을 뿐만 아니라, 지금으로 따지면 문화·예술 분야에서 훌륭한 업적을 쌓았으니 조선을 이끈 주인공 같기도 하네.

자, 이제 답장을 써야겠다.

☆ 제목 : 사대부 중학교 마당쇠에게

▲ 보낸사람 : 멍 박사

　 받는사람 : 마당쇠

안녕, 마당쇠야.

조선을 이끈 주인공이 양반인지 상민인지 노비인지 묻는 네 질문을 듣고 놀랐어. 조선 시대를 대표하는 유명한 사람들은 죄다 양반이니까, 당연히 양반이라고 생각할 줄만 알았거든. 그런데 이번 기회에 자세히 들여다보니까 양반과 상민, 노비 중에 어느 한 신분이 주인공이라고 할 수 없겠더라고.

자동차로 치면 운전대와 몸체, 바퀴 같다고나 할까? 생각해 봐. 자동차에서 앞으로 가게 하는 건 바퀴야. 그런데 바퀴가 헤매지 않게 만드는 건 운전대지. 운전대가 제대로 방향을 잡지 않으면 한자리에서 뱅뱅 돌지도 몰라. 몸체는 또 어떻고? 앞으로 나아갈 원동력인 휘발유를 공급하는 역할을 하잖아.

신분 제도도 마찬가지야. 모든 일에서 양반과 상민과 노비의 역할이 각각 있었어. 나랏일을 할 때는 양반이 계획을 짜면 상민들이 돈을 대고 실행에 옮겨 제대로 굴러갈 수 있었어. 노비는 이 둘이 마음 편히 일을 할 수 있도록 온갖 힘든 일을 도맡아 주었지. 그러니 양반, 상민, 노비 중에 누가 더 중요했고, 더 훌륭했다고 단정하기 쉽지 않아. 다들 '조선'이라는 세상에서 자기 몫을 단단히 해냈다고 할 수밖에.

누구는 '양반은 기회도 많고 특권도 대단했으니 당연히 열심히 살았겠지.'라고 생각할 수 있어. 또 '상민은 그래도 자유롭게 살 수 있었으니 스스로 부지런히 일하는 건 당연해.'라고 여길 수도 있고. 그리고 '노비는 어차피 아무것도 할 수 없었는데, 기여를 하긴 했을까?'라고 반문하는 사람도 있겠지.

그렇지만 조선 시대 전체를 두고 뜯어보면 다 자신의 위치에서 최선을 다해 왔다는 걸 알 수 있어. 양반은 다른 나라의 권력층과 달리 끊임없이 공부했고 항상 나라와 백성이 잘 사는 길을 고민했지. 상민들은 주어진 조세, 공납, 군역 등의 의무를 지고자 최선을 다했어. 노비들은 그렇게 억울한 상황에서도 양반의 손발이 되어 열심히 살아갔고. 노비가 없었다면 양반들이 해낸 일들이 실제로 이루어지지 못했겠지.

아무튼 한 가지는 꼭 기억했으면 좋겠어. 우리 역사는 늘 백성들에 의해서 굴러 왔고, 그들의 피땀이 오늘의 우리를 이루었다는 것!

뭐라고? 아무튼 누가 조선을 이끈 주인공인지 꼭 알아야겠다고? 어느 한쪽이 더 중요하다고 생각한다면, 스스로 그 이유를 만들어 봐. 자기만의 답을 만들어 보는 건, 역사를 알아갈 때 가장 중요한 거니까!

그럼, 안녕!

신분 제도
조선을 떠받치다

첫판 1쇄 펴낸날 2020년 1월 6일
4쇄 펴낸날 2021년 10월 25일

지은이 이광희·손주현 **그린이** 박정제
발행인 김혜경 **편집인** 김수진
주니어 본부장 박창희
편집 길유진 진원지 강정윤
디자인 전윤정 정진희
마케팅 이상민 강이서
경영지원국 안정숙
회계 임옥희 양여진 김주연

펴낸곳 (주)도서출판 푸른숲
출판등록 2003년 12월 17일 제2003-000032호.
주소 경기도 파주시 심학산로 10, 우편번호 10881
전화 031) 955-9010 **팩스** 031) 955-9009
홈페이지 www.prunsoop.co.kr **이메일** psoopjr@prunsoop.co.kr

ⓒ 이광희·손주현·박정제, 2020
ISBN 979-11-5675-258-5 44910
     979-11-5675-237-0 (세트)